Roland Rauter

einfach **vegan**
Genussvoll durch den Tag

100 Rezepte – vom Frühstück bis zum Abendessen

Schirner
Verlag

Impressum:

ISBN 978-3-8434-1055-7

Roland Rauter:
Einfach vegan – Genussvoll durch den Tag
100 Rezepte – vom Frühstück bis zum Abendessen

Copyright © 2012
Schirner Verlag, Darmstadt

Umschlag & Satz: Silja Bernspitz, aprilfrisches
Lektorat: Katja Hiller, Schirner
Fotografien: Alexandra Schubert
Printed by: OURDASdruckt!, Celle, Germany

www.schirner.com

2. Auflage Mai 2012

Roland Rauter

einfach **vegan**

Genussvoll durch den Tag

100 Rezepte – vom Frühstück bis zum Abendessen

Schirner Verlag

Inhalt

Inhaltsverzeichnis

Frühstück

Inhalt

Hauptspeisen

Desserts

Eine gute Küche ist das Fundament allen Glücks.

Auguste Escoffier (1846–1935)

Fundament allen Glücks

Kochen ist Lebensfreude pur! Kochen verbindet und vereint uns Menschen. Mit Essen überschreiten wir mühelos Grenzen und erforschen neue Welten, denn eines haben wir alle gemeinsam: Wir essen gern, und wir essen gern gut.

Nun ist dieses Kochbuch kein ganz gewöhnliches, denn es verzichtet vollständig auf Produkte tierischen Ursprungs. Mancher Leser fragt sich jetzt vielleicht: »Schmeckt das Essen denn? Macht es Spaß, ohne Fleisch, Milchprodukte, Eier oder sogar Honig zu kochen? Gibt es da überhaupt noch genussvolles Essen – ist das möglich?« Alle diese Fragen kann ich aus vollem Herzen mit Ja beantworten. Sie werden erstaunt sein, wie abwechslungsreich und vielfältig die Vegane Küche sein kann. Als ich mit der Arbeit zu diesem Buch begann, dachte ich: »Oh mein Gott, 100 Rezepte. Was mache ich da?« Nur zwei Tage später waren meine Gedanken ganz anders: »Oh mein Gott, ich habe nur Platz für 100 Rezepte!«

Kochen und Essen, ohne einem anderen Lebewesen dadurch Schaden zuzufügen, ist für mich gar nicht mehr anders vorstellbar. Das soll nicht heißen, dass Sie zum Vegetarier oder Veganer werden müssen. Dieser Schritt braucht Zeit, und meist ist es eine langsame Entwicklung in unserem Inneren. Jeder Mensch weiß, was es mit der Massentierhaltung und dem Töten von Lebewesen auf sich hat. Wir verdrängen diese Gedanken meist nur sehr gekonnt. Aber irgendwann beginnen wir mit dem »bewussteren Einkauf« von tierischen Produkten … und plötzlich ernähren wir uns vegetarisch und dann vegan, wenn wir auf unser Gefühl und unser Gewissen hören.

Viele Menschen schreckt beim Gedanken an eine vegane Ernährung oder Lebensweise auch Folgendes ab: »Was kann ich dann noch essen?«, oder »Das ist alles so kompliziert.« Genau diese Gedanken hatte auch ich, als ich mich dafür entschied, mich nur noch vegan zu ernähren – und das obwohl ich als Koch es hätte besser wissen müssen. Ich wusste es aber nicht, weil ich wie so viele andere auch anfangs immer versucht habe, Fleisch und vor allem meinen geliebten Käse zu ersetzen. Aber man kann den Geschmack von Fleisch, Käse, geschweige denn Eiern nicht ersetzen. Es gibt einfach keinen Ersatz für einen Alpenkäse oder ein Wiener Schnitzel. Aber das muss es auch nicht! Als ich das erkannt hatte, war die Vegane Küche für mich plötzlich nicht mehr kompliziert und langweilig. Es gibt in der Veganen Küche so vieles zu entdecken, dass mir selbst mein geliebter Käse nicht fehlt. Im Gegenteil: Tag für Tag begeistert die Vielfalt der Veganen Küche meine Sinne aufs Neue.

Sobald Sie bereit sind, das altgewohnte Denken gehen zu lassen, und wenn Sie aufhören, sich an Gewohnheiten zu klammern, eröffnen sich auch Ihnen lukullische Schätze unbeschreiblichen Ausmaßes.

Ich wünsche Ihnen viel Fantasie und großartige Geschmackserlebnisse beim Entdecken und Entwickeln Ihrer Veganen Küche.
Und ich hoffe, dass dieses Buch von Ihnen durch Nachkochen und Ausprobieren zum Leben erweckt wird.

Mit köstlichen Grüßen
Roland Rauter

Warum vegan kochen und essen?

Ganz einfach, es ist die gesündeste Alternative von allen Ernährungsweisen. Das ist doch ein sehr gutes Argument, oder nicht? Vegan kochen und genießen bedeutet aber auch Lebensfreude pur! Es gibt so viel zu entdecken und zu erschmecken, wenn man bereit ist, sich auf diese Art zu kochen einzulassen. Die Rezepte in diesem Buch lehnen sich an Altbekanntem an, um Ihnen so den Einstieg in die Vegane Küche zu erleichtern. Mit ein wenig mehr Kocherfahrung wird Ihre Fantasie beflügelt sein, und Sie lernen die Vielfalt der Veganen Küche schätzen und lieben.
Vegan kochen sollte für uns alle das Gebot der Stunde sein. Ein nachhaltiger Umgang mit unseren Ressourcen und ein Ende des Leids aller Tiere sind für mich die treibende Kraft hinter meinem veganen Lebensweg.
Wir alle wissen, unter welch grausamen Umständen die meisten Tiere gehalten und zu unseren »Lebensmitteln« verarbeitet werden, auch wenn

wir es nicht gerne zugeben und wahrnehmen wollen. Um dies zu verändern, müssen wir als bewusste Konsumenten handeln, nur so können wir Einfluss nehmen.

Nehmen Sie sich zum Kochen Zeit. Frisch gekochtes Essen ist zwar in der Zubereitung etwas zeitaufwendiger als Fertigprodukte, aber es lohnt sich auf jeden Fall. Denn es schmeckt so, wie Sie es sich wünschen. Sie werden sehen, dass Sie auch ohne gehärtete Fette, Geschmacksverstärker und Konservierungsstoffe wunderbar zurechtkommen.

Laden Sie Freunde zum Kochen ein, und binden Sie auch Ihre Familie ein. Dann wird Kochen zum Erlebnis und die Küche wieder zum Mittelpunkt Ihres Hauses, zum Lebensraum, zum Treffpunkt, zur Kommunikationsinsel in einer Welt, die uns täglich mit Reizen überflutet. Und Kochen ist ein wunderbares Mittel, um Stress abzubauen. Betrachten Sie es nicht als Zwang, denn Essen ist Leben. Nehmen Sie sich Zeit zum Kochen, nehmen Sie sich Zeit zum Leben, nehmen Sie sich Zeit für Ihr gesünderes Leben.

Vegane Ernährung = Mangelernährung?

Zu diesem Thema gibt es bereits sehr viele Bücher. Aus diesem Grund umreiße ich nur kurz, auf was Sie achten sollten. Eine gesunde Ernährungsweise bedeutet – egal ob als Veganer, Makrobiotiker oder Allesesser – immer auch, sich mit dem Thema Ernährung auseinanderzusetzen. Um Mangelerscheinungen vorzubeugen, sollte man auf einen ausgewogenen, vielseitigen und abwechslungsreichen Speiseplan sowie viel Bewegung achten und zudem ausreichend Sonne tanken.

Rein statistisch gesehen leben Vegetarier und Veganer länger und sind seltener von Herz-Kreislauf-Erkrankungen betroffen. Auch das Krebsrisiko ist bei ihnen niedriger als bei Fleischessern. Eine pflanzliche Ernährung liefert dem Körper alle Nährstoffe, die er braucht, und die Aufnahme von

Eiweiß und gesättigten Fettsäuren ist deutlich geringer. Der Bedarf unseres Körpers an Kohlenhydraten, Fetten und Eiweißen kann problemlos über die pflanzliche Kost gedeckt werden. Die ungesättigten und essenziellen Fettsäuren, die in der pflanzlichen Kost vermehrt vorkommen, haben auch einen positiven Einfluss auf die Gesundheit.

Der wohl heikelste Punkt für Veganer ist die Versorgung mit Vitamin B12, das vom menschlichen Körper nicht hergestellt werden kann. Dieses Vitamin ist dafür zuständig, dass unser Körper rote Blutkörperchen aufbauen kann, und es ist ebenso wichtig für die Funktion unseres Nervensystems. Ein Mangel an B12 kann jedoch bei allen Ernährungsformen auftreten. Er macht sich in der Regel nicht gleich bemerkbar, weil der Körper B12 speichert und dieser Vorrat jahrelang vorhalten kann. Im Handel gibt es viele Produkte, z. B. Sojadrink, die mit B12, B2 und anderen Vitaminen angereichert sind.

Auch Kalzium, Eisen und Jod werden ausreichend über die vegane Ernährung aufgenommen. Hervorragende Kalziumlieferanten sind Brokkoli, Grünkohl, Petersilie und Nüsse. Pflanzliches Kalzium wird vom Körper zudem wesentlich besser aufgenommen als Kalzium tierischen Ursprungs. Eisen, das über die Nahrung zugeführt wird, wird vom Körper nur zu einem geringen Teil absorbiert. Aus diesem Grund liegen die Empfehlungen für die Tageszufuhr an Eisen deutlich über dem tatsächlichen Bedarf. Hervorragende Eisenlieferanten sind Hülsenfrüchte, Trockenfrüchte, Vollkorngetreide, diverse Samen wie Sesam und auch Nüsse und Bananen. Über Jod und einen eventuellen Jodmangel wird viel diskutiert, denn auch Jod ist ein essenzielles Spurenelement, das wir dem Körper in ausreichender Form zur Verfügung stellen müssen. Viele Salze sind mit Jod angereichert, sodass eine Unterversorgung kaum eintreten kann. Jod steht für Veganer in natürlicher Form nur in Algen zur Verfügung.

Meine persönlichen Erfahrungen: Ich habe keine Mangelerscheinungen und fühle mich, seitdem ich vegan lebe, besser als je zuvor. Ich gehe regelmäßig zur Vorsorgeuntersuchung und lasse immer ein großes Blutbild machen, das einen eventuellen Mangel sofort anzeigen würde.

Tipps für den Einkauf

Achten Sie beim Einkaufen darauf, dass Sie frische und biologisch angebaute Lebensmittel erhalten. Werden Sie auch bei Biolebensmittel ein kritischer Konsument, und lesen Sie die Zutatenliste. Ich bevorzuge beim Einkauf frische Produkte. Wenn ich zu vorgefertigten Produkten greifen muss, dann zu solchen, bei denen die Rohstoffe so wenig wie möglich bearbeitet wurden. Kaufen Sie saisonale Produkte aus Ihrer Region ein. Fragen Sie sich: Brauche ich wirklich Erdbeeren aus Südamerika zu Silvester? Versuchen Sie es lieber einmal mit einem Bratapfel mit Nussfüllung. Sammeln Sie die Nüsse im Herbst bei einem Spaziergang im Wald. Sie werden sehen, welch breites Lächeln Sie damit in die Gesichter Ihrer Gäste zaubern.

Achten Sie auf hochwertige Zutaten. Durchdenken Sie dazu einmal Folgendes: Die meisten Menschen kaufen für ihr Auto ein Motoröl, das teurer ist als das Öl, das sie über ihren Salat geben oder zum Kochen verwenden. Ist auch Ihnen der Motor Ihres Autos mehr wert als Ihr eigener, Ihr Herz? Natürlich sind biologische Lebensmittel und hochwertige Produkte teurer als konventionell erzeugte. Doch mit hochwertigen, teuren Produkten gehen wir meist bewusster um. Wir dosieren sie richtig, und unter dem Strich geben wir nicht wirklich viel mehr Geld aus. Es erfordert ein wenig Übung im Einkauf, aber es lohnt sich. Und Sie sollten es sich wert sein.
Kaufen Sie nicht mehr ein, als Sie benötigen. Gehen Sie lieber öfter einkaufen. Für mich gibt es nichts Schöneres als meiner Fantasie beim Einkaufen freien Lauf zu lassen, besonders wenn ich die vielen Produkte auf dem Markt sehe. Hier entstehen in mir die Ideen für neue Rezepte.

Einer meiner Leitsätze, den ich immer beherzigt habe, lautet: »Das Beste aller Rezepte ist die Fantasie.« Lassen Sie sich von Ihrer Fantasie leiten. Nutzen Sie die Produkte, die der Markt saisonal anbietet, und passen Sie einfach die Rezepte an. Experimentieren Sie mit den Aromen von frischen saisonalen Produkten, Sie werden begeistert sein!

Vegane Basisprodukte

In Biomärkten und sogar schon im regulären Handel finden Sie eine große Auswahl an veganen Produkten. Die wichtigsten Basisprodukte möchte ich Ihnen kurz vorstellen.

Alternativen zur Gelatine

Agar-Agar ist ein pflanzliches Geliermittel, das aus Algen, vor allem der Rotalge, gewonnen wird. Es lässt sich leicht verarbeiten, ist geschmacksneutral und wie Gelatine überall einsetzbar. 5 g Agar-Agar ersetzen 6 Blatt Gelatine. Beachten Sie jedoch, dass es je nach Hersteller zu Abweichungen kommen kann. Bleiben Sie einem Hersteller treu, dadurch ersparen Sie sich unangenehme Überraschungen.

Guarkernmehl wird aus den Samen der Guarbohne gewonnen. Es kann zum Kaltbinden von Dressings, Marinaden oder aufgeschlagener Sojasahne verwendet werden. Beachten Sie jedoch: Guarkernmehl kann Allergien begünstigen und bei Überdosierung zu Bauchschmerzen und Blähungen führen.

Johannisbrotkernmehl wird aus den Früchten des Johannisbrotbaums gewonnen. Dieses Geliermittel muss warm verarbeitet werden. Es sollte mit etwas Öl glatt gerührt werden, bevor Sie es zu der Speise geben, um eine Klumpenbildung zu vermeiden.

Pfeilwurzelstärke, auch als »Arrowroot« bezeichnet, wird kalt angerührt und dann zur Bindung in die kochende Flüssigkeit gegeben. Sie findet auch beim Backen viel Verwendung.

Pflanzliche Fleischalternativen

Trockenerzeugnisse aus Soja kommen im Handel unter verschiedenen Bezeichnungen, wie z. B. Sojaschnetzel, und in allen Größen und Formen vor. Sie können Granulat einkaufen, das wie Gehacktes verwendet wird, oder auch Sojasteak. Trockenerzeugnisse werden in heißem Wasser oder Gemüsebrühe eingeweicht, anschließend abgespült und fest ausgedrückt und erst dann weiterverarbeitet.

Tofu ist ein wichtiger Eiweißlieferant, den Sie in unterschiedlicher Konsistenz und in vielen Geschmacksrichtungen im Kühlregal finden – vom bereits marinierten Grilltofu bis hin zu Seidentofu, der sich überall einsetzen lässt.

Seitan stammt ursprünglich aus dem asiatischen Raum und ist ein Weizeneiweißprodukt mit einer fleischähnlichen Konsistenz. Es ist cholesterin- und fettfrei und liefert essenzielle Aminosäuren, Mineralien und Spurenelemente. Seitan ist universell einsetzbar.

Im Handel finden Sie auch viele vegane Fertigprodukte – von der Bratwurst über Schnitzel bis hin zur falschen Ente, meist auf Seitan- oder Sojabasis.

Alternativen zu Milchprodukten

Hafer Cuisine ist ein idealer pflanzlicher Sahneersatz, der beim Kochen nicht so leicht ausflockt. Hafer Cuisine hat einen leicht nussigen Geschmack und eignet sich sehr gut für Suppen und Saucen. Dieser Sahneersatz ist jedoch nicht aufschlagbar.

Sojasahne gibt es von verschiedenen Herstellern. Sie hat einen recht süßlichen Geschmack und sollte erst zum Schluss zu Suppen und Saucen hinzugegeben werden, weil sie zum Ausflocken neigt. Sojasahne zum Aufschlagen eignet sich ideal zum Verarbeiten im süßen Bereich.

Reisdrink ist eine cholesterinfreie Alternative zur Milch mit einem milden und süßlichen Geschmack. Es gibt Reisdrinks in allen Geschmacksrichtungen von Natur über Frucht- bis Vanillegeschmack.

Mandeldrink enthält ungesättigte Fettsäuren und hat ein sehr feines Mandelaroma.

Sojadrink wird aus Sojabohnen und Wasser hergestellt, ist universell einsetzbar und ersetzt die Milch problemlos. Sojadrinks sind reich an Eiweiß, es gibt sie in allen Geschmacksrichtungen und auch mit Zusätzen von Kalzium und Vitaminen.

Vegane Butter gibt es auf Sojabasis. Sie können sie wie Butter verwenden.

Veganer Käse ist mittlerweile in vielen Sorten erhältlich, von Sojafrischkäse über veganen Ricotta bis zum Schnittkäse und Parmesanersatz.

Weitere Alternativen

Viele Hersteller haben sich auf milchfreie Schokolade spezialisiert. Zartbitter-Schokolade ist in den meisten Fällen bereits milchfrei. Vegane Milchschokolade wird meist mit Reisdrink hergestellt.

Hefeflocken werden sehr oft als Käseersatz verwendet. Sie sind reich an B-Vitaminen, machen die Gerichte cremiger und verleihen ihnen einen käseähnlichen Geschmack.

Es gibt auch Ei-Ersatz-Pulver, das überall dort zum Einsatz kommt, wo »Eischnee« gebraucht wird.

Wie Sie mit diesem Buch arbeiten

Kochen soll Spaß machen, und dieses Buch soll Sie zum Nachkochen ermuntern. Verändern Sie die Rezepte, wandeln Sie sie ab, ergänzen Sie sie, oder lassen Sie einfach etwas weg. Nach diesem Motto sollten Sie mit diesem Buch arbeiten. Aus meiner Sicht gibt es nichts Schlimmeres für ein Kochbuch und den Spaß am Kochen als blinde Rezeptsturheit. Dieses Buch ist ein Ratgeber, der Sie den ganzen Tag begleitet – vom Frühstück bis zum Abendessen. Seien Sie offen und bereit, etwas Neues auszuprobieren, und kombinieren Sie, was Ihnen gefällt und Ihnen schmeckt.

Mit den Rezepten habe ich versucht, Ihnen – so gut das eben in einem Buch gelingen kann – das gesamte Spektrum der Veganen Küche vorzustellen. In der Veganen Küche gibt es keine Grenzen, und Sie können alles umsetzen. Fühlen Sie sich frei, die Rezepte munter abzuwandeln. Alle Gerichte sind für 4 Portionen zusammengestellt, alle Abweichungen davon stehen bei den Rezepten. Sie müssen auch die Mengenangaben nicht eins zu eins umsetzen, sondern auf diese Weise erhalten Sie ein Gefühl für die Mengenverhältnisse. Wenn Sie statt 100 g Paprika 150 g oder nur 50 g verwenden und dafür von Ihrem Lieblingsgemüse etwas mehr nehmen, ist das vollkommen in Ordnung. Ehrlich gesagt, so soll es auch sein. Nur so macht Kochen Spaß und wird zur puren Lebensfreude.

Ich habe versucht, die Rezepte so einfach wie möglich anzulegen und doch so, dass sie durch Umsetzung und Präsentation überzeugen können. Fast alle Produkte sind heute problemlos im Supermarkt bzw. Biomarkt erhältlich. Die restlichen Zutaten können Sie im Asialaden oder in Märkten kaufen, die auf orientalische Lebensmittel spezialisiert sind. Die Zubereitungszeiten der einzelnen Gerichte berücksichtigen in etwa die Arbeitszeit. Teigruhe,- Back-, Koch- und lange Auskühlzeiten müssen dazugerechnet werden.

Wenn ich mir etwas wünschen darf

Ich wünsche mir, dass Sie die Liebe zum Selbermachen entdeckt haben, wenn Sie sich durch dieses Buch gekocht haben. Dass Sie entdecken, wie kreativ und inspirierend Kochen und Essen sein kann. Dass Sie beschließen, dass es nicht immer Lebensmittel tierischen Ursprungs sein müssen. Dass Sie erkennen, dass die Fantasie das wichtigste aller Rezepte ist.

Und wenn Sie Ihren Stil beim Kochen gefunden haben, dann hat dieses Buch schon mehr erreicht, als ich mir gewünscht habe. Dann sind Sie mit dem Kochvirus infiziert und werden Ihren Küchenweg weitergehen. Viel Spaß dabei!

Danksagung

Danken möchte ich an dieser Stelle Herrn Gerfried Zmöllnig, meinem
ersten Küchenchef. Vieles, was er mich lehrte, verstehe ich erst heute.

Ich danke meiner absolut genialen Foodfotografin Alexandra Schubert.
Ich bin beeindruckt davon, wie sie es geschafft hat, sich so schnell auf
mich und meinen Stil einzustellen und das Beste aus meinen Gerichten
herauszuholen. Ihre Bilder sprechen für sie.

Ein besonderer Dank gilt auch Peter Dafinger, der Alexandra Schubert
und mich mit seinem guten Gespür als Team zusammengeführt hat.
Ich danke meinen Eltern, die mir all dies ermöglicht haben.

Ein ganz besonderer Dank gilt meiner lieben Frau Barbara, die mich
während der Arbeitsphasen zu diesem Buch ausgehalten und
unterstützt hat.

Danke

Menübeispiele

Sie können natürlich jedes Gericht auch als Hauptspeise konzipieren. Die klassischen Grenzen der Menügestaltung, z. B. was eine Vor- oder eine Hauptspeise ist, sind schon längst verschwommen. Manche Regeln sind jedoch auch heute noch nützlich, vor allem wenn Freunde zu Besuch kommen oder Sie das Festmahl für Weihnachten planen. Deshalb möchte ich Ihnen einige Tipps für die Menüzusammenstellung geben.

Ein Festmahl darf auf jeden Fall üppiger sein als das tägliche Abendessen. Achten Sie bei der Gestaltung einer Menüreihenfolge darauf, dass Sie jedes Produkt möglichst nur einmal verwenden. Wenn Sie z. B. Linsen in der Vorspeise servieren, sollten diese nicht noch einmal in der Suppe oder der Hauptspeise vorkommen. Achten Sie darauf, dass Sie nach einer Cremesuppe nicht unbedingt in der Hauptspeise Sojasahne für die Sauce verwenden. Auch die farbliche Zusammenstellung am Teller ist wichtig. Vier grüne Zutaten allein werden kein attraktives Gericht ausmachen, es sei denn die Struktur der Produkte an sich ist interessant.

Menübeispiele

Frühling
Weiße Polentaschnitten mit Avocadocreme und Lavendelblüten
Spargelpralinen auf grünem Spargel und Orangensauce
Erdbeercremeschnitte

Sommer
Mandel-Kokos-Gazpacho mit frittierten Lauchstreifen
Thai-Bohnen in Sesam-Nuss-Sauce mit Buchweizennudeln
Halbgefrorener Joghurt mit Blaubeeren im Schokospitz

Herbst
Geröstete-Tomaten-Karotten-Suppe mit Rosmarinstangerl
Kartoffel-Thymian-Buchteln mit Paprikakraut
Apfel-Kokos-Auflauf

Winter
Käferbohnensalat mit knuspriger Gewürzpolenta
Wirsing-Tofu-Säckchen in Kokos-Safran-Sauce
Orientalischer Milchreis mit Datteln und Granatapfel

Festmahl
Vietnamesische Frühlingsrollen
mit Steinpilzfüllung auf Tomatenconfit
Kresseschaumsuppe
Rote-Bete-Perlen mit Buchweizen
Schokoschnitte mit Balsamico-Himbeeren

Abend mit Freunden
Aufstrichsortiment mit dünnem Fladenbrot
Auberginenfächer mit Oliven-Kartoffel-Püree
Cupcake mit Kakaofrosting

Wenn Mama und Papa sonntags zu Besuch sind
Rote-Paprika-Suppe
Sojaroulade mit jungen Karotten und Bohnencreme
Schokoladen-Kirsch-Torte

Damen-Abend
Blattsalate mit Tofu und karamellisiertem Apfel
Selbstgemachte Linguini mit Avocadopesto
Traubencremetörtchen

Männer-Abend
Cremesuppe von frischen Zuckerschoten und Minze
Madras-Curry mit Koriander-Chili-Naan
Vanille-Donuts mit Kirschsauce

Frühstück

Deftiges »Rührei«

150 g Seidentofu
1 EL Sojadrink
60 g geräucherte Tofuwürstchen
1 Schalotte
½ TL Kurkuma
1 Msp. edelsüßes Paprikapulver
Meersalz
weißer Pfeffer aus der Mühle
1 EL Rapsöl

Zubereitungszeit: 15 min

Seidentofu mit einer Gabel in ca. 2 cm große Stücke teilen. Sojadrink mit Kurkuma, Salz, Pfeffer und Paprikapulver verrühren und über den Seidentofu gießen. Die Masse ca. 10 Minuten ruhen lassen.

Schalotte schälen und fein hacken. Tofuwürstchen in Scheiben schneiden. Rapsöl in einer Pfanne erhitzen. Würstchen-Scheiben und Schalotten anbraten und alles aus der Pfanne nehmen. Nun die Tofumasse in der Pfanne erhitzen und anbraten.

Mit dem Umrühren warten, bis sich eine braune Kruste gebildet hat. Die Würstchen-Scheiben nun unter die Tofumasse rühren und nochmals kurz mitrösten.

Das »Rührei« mit Toastbrot servieren.

Frühstück von der Insel

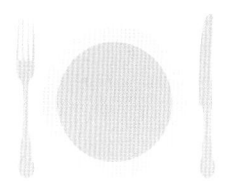

Für das getoastete Schwarzbrot
4 Scheiben Schwarzbrot
2 EL Olivenöl

Für die gefüllten Steinpilzköpfe
4 kleine Steinpilze,
ersatzweise 4 große Champignons
250 g Blattspinat
2 in feine Streifen
geschnittene Schalotten
Salz und Pfeffer aus der Mühle
1 Prise Muskatnuss
3 EL Olivenöl

Für die Baked Beans
400 g weiße gekochte Bohnen
60 g fein gewürfelte Zwiebeln
1 TL fein geriebener Ingwer
2 Lorbeerblätter
1 TL brauner Zucker
500 ml passierte Tomaten
1 EL Olivenöl
Salz und weißer Pfeffer
aus der Mühle

Für die Grilltomaten
12 Kirschtomaten
2 EL Olivenöl
Salz und Pfeffer aus der Mühle
1 Prise Zucker
1 EL gehacktes Basilikum

Zubereitungszeit: 35 min

Zubereitung des Schwarzbrots
Schwarzbrot mit Olivenöl einpinseln und in einer Grillpfanne von beiden Seiten rösten.

Zubereitung der gefüllten Steinpilzköpfe
Steinpilzkappen vom Stiel trennen. Stiele in kleine Würfel schneiden. Spinat waschen und in kochendem Salzwasser blanchieren. Olivenöl in einer Pfanne erhitzen. Schalotten mit Steinpilzwürfeln darin kurz anrösten. Den gut ausgedrückten Spinat dazugeben und kurz mitrösten. Mit Salz, Pfeffer und Muskatnuss abschmecken. Kappen mit etwas Öl in einer Pfanne auf beiden Seiten scharf anbraten und mit Salz und Pfeffer würzen. Nun den Spinat in die Steinpilzköpfe füllen.

Zubereitung der Baked Beans
Zwiebeln mit Olivenöl in einem Topf glasig anbraten. Gewürze dazugeben und kurz mitrösten. Passierte Tomaten und die gekochten Bohnen dazugeben. Bohnen einmal aufkochen lassen und mit Salz und Pfeffer abschmecken. Den Topf mit einem Deckel verschließen und alles im Backofen bei 180 °C ca. 30 Minuten backen.

Zubereitung der Grilltomaten
Tomaten kreuzweise einschneiden und mit Olivenöl, Salz, Pfeffer und Zucker mischen. Dann ca. 5 Minuten in einer Auflaufform im Ofen bei 220 °C backen. Das gehackte Basilikum nach dem Backen in die Tomaten füllen.

Getoastetes Schwarzbrot auf Tellern anrichten und Steinpilzkappen darauflegen. Baked Beans und Grilltomaten dazugeben und alles rasch servieren.

Buchweizen-Palatschinken mit Traubenfüllung

Für die Palatschinken:
150 g Buchweizenmehl
40 g helles, glattes Weizenmehl
½ TL Weinsteinbackpulver
25 g Zucker
400 ml kohlensäurehaltiges Mineralwasser
50 g vegane Butter
1 TL Salz

Für das Traubenragout:
500 g Weintrauben
50 g Puderzucker
125 ml Holundersirup
1 TL Maisstärke

Vegane Butter zum Ausbacken
Puderzucker und gehackte Pistazien zum Bestreuen

Zubereitungszeit: 40 – 45 min

Ein Rezept zum Herstellen des Sirups finden Sie auf S. 109.

Zubereitung der Palatschinken

Buchweizenmehl, Mehl, Backpulver, Zucker, Salz und Mineralwasser mit dem Schneebesen zu einem glatten Teig verrühren. Den Teig ca. 30 Minuten quellen lassen und anschließend die geschmolzene vegane Butter einrühren. Eine beschichtete Pfanne nicht zu stark erhitzen, mit etwas flüssiger veganer Butter ausstreichen und den Teig so dünn wie möglich auf dem Boden der Pfanne verteilen. Die Palatschinken goldbraun backen, wenden und ca. 1–2 Minuten fertig backen.

Zubereitung des Traubenragouts

Für das Ragout 200 g Trauben mit Puderzucker und Holundersirup aufkochen und dann mit einem Stabmixer pürieren. Durch ein Sieb streichen und noch einmal aufkochen. Maisstärke mit etwas kaltem Wasser anrühren und die heiße Traubensauce damit leicht abbinden. Die restlichen Trauben halbieren und entkernen und anschließend in die Sauce geben.

Die ausgebackenen Buchweizen-Palatschinken mit dem Traubenragout füllen und mit Puderzucker und gehackten Pistazien bestreuen.

French Toast mit karamellisierten Birnen und Walnüssen

Für die French Toasts
8 Scheiben Toastbrot
4 EL Marmelade aus roten
Johannisbeeren
350 ml Sojadrink
½ Banane
60 g helles, glattes Weizenmehl
20 g Zucker
1 TL Zimt
10 g Hefeflocken
½ TL Weinsteinbackpulver
Pflanzenöl zum Ausbacken

Für die karamellisierten Birnen
2 Birnen
50 g gehackte Walnüsse
50 g brauner Zucker
3 EL Wasser
1 TL Zitronensaft
2 EL vegane Butter
Vanillepulver

Zubereitungszeit: 20 min

Zubereitung der French Toasts

Sojadrink mit Banane, Mehl, Zucker, Zimt, Hefeflocken und Backpulver mit einem Stabmixer fein pürieren. Anschließend ca. 5 Minuten quellen lassen. Die Masse in eine flache Schüssel geben. 4 Scheiben Toastbrot mit Marmelade bestreichen und mit jeweils 1 weiterer Scheibe belegen. Pflanzenöl etwa fingerdick in eine Pfanne eingießen und bei mittlerer Hitze erhitzen. Toasts durch die Sojadrink-Masse ziehen und in heißem Pflanzenöl ausbacken. Danach auf Küchenkrepp abtropfen lassen.

Zubereitung der karamellisierten Birnen

Birnen vierteln, Kerngehäuse entfernen und Birnen in Spalten schneiden. In einer kleinen Pfanne den Zucker mit 3 EL Wasser hellbraun karamellisieren lassen. Danach Zitronensaft dazugeben und Birnen sowie Walnussstücke unterheben. Anschließend vegane Butter und Vanillepulver einrühren.

Die French Toasts auf Tellern anrichten und die karamellisierten Birnen darauf verteilen.

Frühstücks-Omelett mit gerösteten Kirschtomaten

Für 1 Omelett
180 g Seidentofu
20 ml Sojadrink
10 g Hefeflocken
15 g Maisstärke
10 g Tahin
½ TL Kurkuma
Salz und Pfeffer aus der Mühle
1 Prise Paprikapulver
1 TL vegane Butter

**Für die gerösteten
Kirschtomaten**
100 g Kirschtomaten
1 Schalotte
4–5 Basilikumblätter
Meersalz
Pfeffer aus der Mühle
1 EL Olivenöl

Zubereitungszeit: 20 min

Zubereitung des Omeletts
Seidentofu mit Sojadrink, Hefeflocken, Maisstärke, Tahin und Kurkuma mit einem Stabmixer fein pürieren. Mit Salz, Paprikapulver und Pfeffer würzen. Eine Pfanne erhitzen und vegane Butter darin schmelzen lassen. Die Omelettmasse einfüllen und bei mittlerer Hitze ca. 4–5 Minuten anbraten. Wenn die Masse durchgestockt ist, das Omelett wenden und auf der zweiten Seite ebenfalls schön braun anbraten.

Zubereitung der gerösteten Kirschtomaten
Kirschtomaten in Scheiben schneiden. Schalotte schälen und in feine Streifen schneiden. Basilikum ebenfalls in feine Streifen schneiden. Olivenöl in einer Pfanne erhitzen und Schalotten sowie Tomaten darin kurz anrösten. Mit Salz und Pfeffer würzen und das Basilikum unterrühren.

Das Omelett aus der Pfanne heben und mit den Tomaten anrichten.

Wussten Sie schon …
Tahin wird aus fein gemahlenen Sesamkörnern hergestellt und kommt aus der Arabischen Küche. Die dunkle Variante der Paste wird aus ungeschältem Sesam gemacht, ist bitterer im Geschmack und enthält mehr Vitamine und Nährstoffe als die helle Variante.

Frühstücksmuffins

Für 12 Muffins
290 g helles, glattes Weizenmehl
50 g Müsli-Mischung
70 g Zucker
130 g vegane Butter
20 g Maisstärke
400 ml Vanillesojadrink
2 TL Weinsteinbackpulver
1 TL Vanillezucker

Zubereitungszeit: 45 min

Muffinblech mit Papierförmchen oder Backpapier auslegen. Backofen auf 180 °C vorheizen. Alle Zutaten außer der Müsli-Mischung mit dem Handrührgerät zu einem glatten Teig verarbeiten. Den Teig ca. 15 Minuten ruhen lassen. Dann die Müsli-Mischung unterrühren und den Teig gleichmäßig auf die 12 Muffinförmchen aufteilen. Die Muffins mit ein wenig Müsli bestreuen und im vorgeheizten Backofen 25–30 Minuten backen.

Tipp: Sie können hier auch Ihr selbst gemachtes Knuspermüsli verwenden. Ein Rezept finden Sie auf S. 39.

»Für mich der ideale Start in den Tag.
Auch als Getränk für kalte Herbst-
und Winterabende bestens geeignet.«

Heiße Chili-Schokolade

**Für 1 große Tasse
Chili-Schokolade**
250 ml Haferdrink
50 ml Hafer Cuisine
30 g vegane fein gehackte
Zartbitterschokolade
1 Prise Chilipulver
Limettensaft
1 EL brauner Zucker
1 EL Wasser
2 EL geschlagene Sojasahne

Zubereitungszeit: 10 min

Braunen Zucker in einem kleinen Topf mit 1 EL Wasser schmelzen lassen. So lange weiterhin erwärmen, bis der Zucker leicht karamellisiert. Dann mit Haferdrink und Hafer Cuisine auffüllen und langsam erwärmen. Schokolade und Chilipulver in die warme Flüssigkeit einrühren und die Schokolade darin schmelzen lassen. Zum Schluss mit Limettensaft abschmecken und heiß servieren. Mit der geschlagenen Sojasahne und einigen Schokoladenraspeln garnieren.

Tipp: Experimentieren Sie mit unterschiedlichen Geschmacksrichtungen, z. B. Ihrem Lieblingsgeschmack. Geben Sie kurz vor dem Servieren zu der Trinkschokolade z. B. einfach ein paar Blätter fein gehackte Pfefferminze dazu, und lassen Sie das Ganze ca. 2 Minuten ziehen!

Kartoffel-Karotten-Rösti mit gebratenen Apfelscheiben

Für 8 Rösti
200 g Kartoffeln
200 g Karotten
2 EL Sojadrink
1 EL Kartoffelstärke
½ TL Zitronensaft
Salz
1 Prise Muskatnuss
3 EL vegane Butter

Für die gebratenen Apfelscheiben
2 säuerliche Äpfel
100 g brauner Zucker

8 EL Ahornsirup

Zubereitungszeit: 15 min

Zubereitung der Rösti
Kartoffeln und Karotten schälen und grob reiben.
Dann mit Sojadrink, Kartoffelstärke, Zitronensaft,
Salz und einer kleinen Prise Muskatnuss verrühren.
Vegane Butter in einer Pfanne erhitzen. Mithilfe
von Dessertringen oder runden Ausstechern in der
Pfanne 8 gleich große Rösti formen.
Die Dessertringe entfernen und die Rösti auf beiden
Seiten goldbraun braten.

Zubereitung der Apfelscheiben
Kerngehäuse der Äpfel entfernen und die Äpfel in ca.
8 mm dicke Scheiben schneiden. Die Scheiben dann
in Zucker wenden und in einer Grillpfanne auf beiden
Seiten so lange grillen, bis der Zucker leicht karamellisiert ist. Die Äpfel sollten aber noch knackig sein.

Abwechselnd Rösti und Apfelscheiben aufschichten
und alles mit Ahornsirup beträufeln.

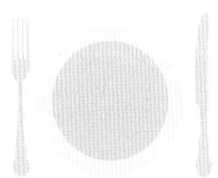

Nach diesem Rezept können Sie Ihr Müsli selbst zusammenstellen und die Zutaten nach Lust und Laune variieren. Die Mengen sind hier bewusst etwas größer gewählt, damit Sie das Müsli gleich für eine ganze Woche oder für Ihre Familie mischen können.

Selbstgemachtes Knuspermüsli mit Tofucreme und frischen Beeren

Für das Knuspermüsli
200 g Haferflocken
200 g Dinkelflocken oder Flocken nach Wunsch
20 g Leinsamen
20 g Sesam
40 g Kokosflocken
40 g Sonnenblumenkerne
40 g Mandelsplitter
1 TL gemahlener Zimt
70 ml Agavendicksaft
70 g brauner Zucker
100 g Rosinen
½ TL Salz

Für die Tofucreme
200 g Seidentofu
150 ml Sojajoghurt
2 EL Puderzucker
2 EL Ahornsirup

200 g gemischte Beeren der Saison

Zubereitungszeit: 50 min

Zubereitung des Müslis
Backofen auf 160 °C vorheizen. Alle Zutaten außer den Rosinen in einer Schüssel gut miteinander vermischen. Ein Blech mit Backpapier belegen und die Müsli-Mischung darauf verteilen. Das Müsli im Ofen 35–40 Minuten unter gelegentlichem Umrühren rösten. Dann aus dem Backofen nehmen, mit den Rosinen mischen und auskühlen lassen.

Zubereitung der Creme
Seidentofu, Sojajoghurt, Puderzucker und Ahornsirup mit einem Stabmixer glatt pürieren und ca. 20 Minuten kalt stellen.

Das Knuspermüsli in eine Schale füllen und mit ein paar Beeren belegen. Tofucreme darauf verteilen und mit den restlichen Beeren garnieren.

*Als ich das Rezept das erste Mal ausprobierte,
dachte ich: »Ich bin eigentlich kein Fan von
Kichererbsenmehl. Aber diese Waffeln haben
mich absolut überzeugt.«*

Kichererbsen-Waffeln mit Orangen

Für die Waffeln

250 g Kichererbsenmehl
220 ml Sojadrink
2 TL Olivenöl
1 TL Apfelessig
2 TL brauner Zucker
1 TL Tahin
1 TL Weinsteinbackpulver
½ TL Salz
Öl für das Waffeleisen

Für das Orangenragout

3 Orangen
50 g brauner Zucker
2 EL Wasser
2 EL sehr kalte, vegane Butter
1 TL Maisstärke
1/8 l Orangensaft
1 TL Maisstärke
1 Prise frisch
gemahlener Kardamom

Pistazien oder frische Minze
zum Garnieren

Zubereitungszeit: 25 min

Zubereitung der Waffeln

Für den Waffelteig Sojadrink mit Apfelessig anrühren und ca. 5 Minuten ruhen lassen. Anschließend Kichererbsenmehl, braunen Zucker, Tahin, Backpulver, Salz und Olivenöl in den Sojadrink einrühren und weitere 10 Minuten ruhen lassen. Das Waffeleisen auf höchste Stufe erhitzen und mit Öl einpinseln.
Ausreichend Teig in das Waffeleisen einfüllen und goldbraun ausbacken lassen.

Zubereitung des Orangenragouts

Orangen schälen und filetieren. Orangenreste anschließend kräftig mit den Händen ausdrücken und den frischen Saft mit weiteren 1/8 l Orangensaft mischen. Zucker mit 2 EL Wasser im Topf hellbraun karamellisieren lassen und mit dem Orangensaft ablöschen. Die Flüssigkeit noch einmal aufkochen lassen, bis sich der Zucker aufgelöst hat. Dann den Kardamom dazugeben. Maisstärke mit 2 TL Wasser glatt rühren und in den kochenden Saft einrühren. Die sehr kalte vegane Butter mit einem Schneebesen in den Orangensud einrühren und anschließend die Filets dazugeben.

Das Orangenragout auf den Waffeln verteilen, eventuell mit Pistazien bestreuen oder mit frischer gehackter Minze garnieren.

Süßes Kartoffelbrot mit Rosinen

200 g Kartoffeln
50 g helles, glattes Weizenmehl
40 g Hefe
200 g vegane Butter
150 ml Haferdrink
70 g Puderzucker
50 g Rosinen
abgeriebene Schale einer Zitrone
1 TL Salz

3–4 EL geschmolzene vegane Butter zum Bestreichen und für die Form

Haselnusskrokant oder Mandelsplitter zum Bestreuen

Zubereitungszeit: 190 min

Kartoffeln schälen, vierteln und in einem Topf weich kochen. Abgießen, ausdampfen lassen und noch heiß passieren. Hefe im Haferdrink auflösen und mit 3 EL Mehl verrühren. Den Vorteig ca. 20 Minuten gehen lassen. Das restliche Mehl mit den passierten Kartoffeln und Salz mischen. Vegane Butter in einem Topf bei wenig Hitze schmelzen lassen und den Puderzucker darin auflösen. Sojadrink und Zitronenschale zur veganen Butter geben. Alle Zutaten in der Küchenmaschine zu einem glatten Teig verarbeiten. Dann die Rosinen unter den Teig kneten. Den Teig auf einer bemehlten Arbeitsfläche mit den Händen zu einer Kugel formen, den Boden einer Schüssel mit Mehl stauben und den Teig darin ca. 1 Stunde gehen lassen.

Nach dem Ruhen den Teig dritteln. Jeden Teil zu einer länglichen Rolle formen und anschließend einen Zopf flechten. Das Kartoffelbrot in eine ausgefettete Kastenform legen, mit einem Geschirrtuch abdecken und weitere 20 Minuten gehen lassen. Dann mit zerlassener Butter bestreichen und mit Haselnusskrokant bestreuen. Das Brot im vorgeheizten Ofen bei 190 °C ca. 45 Minuten backen und danach auf einem Kuchengitter auskühlen lassen.

Zimtschnecken

Für den Teig
220 ml Vanillesojadrink
60 g vegane Butter
380 g helles, glattes Weizenmehl
20 g Hefe
1 Prise Salz
60 g Puderzucker
½ TL frisch gemahlener Kardamom

Für die Füllung
60 g weiche vegane Butter
50 g gelber oder brauner Zucker
2 TL gemahlener Ceylon-Zimt

Für den Guss
125 g vegane Butter
80 g Zucker

Zubereitungszeit: 30 min

Für den Teig die vegane Butter in einem Topf schmelzen lassen und vom Herd nehmen. Vanillesojadrink dazugeben und den Puderzucker darin auflösen. Die Hefe hineinkrümeln und ebenfalls auflösen. Die Hefemischung ca. 20 Minuten ruhen lassen. Mehl, Salz, Kardamom und die Hefemischung in der Küchenmaschine zu einem glatten Teig verarbeiten. Den Teig aus der Schüssel nehmen und auf einer bemehlten Arbeitsplatte zu einer glatten Kugel formen. Den Boden der Rührschüssel leicht mit Mehl stauben, den Teig zurücklegen und zugedeckt ca. 1 Stunde gehen lassen.

Für die Füllung die zimmerwarme vegane Butter, Zucker und Zimt mit einem Schneebesen verrühren.

Den Teig nach dem Ruhen auf der bemehlten Arbeitsfläche noch einmal kurz mit den Händen durchkneten und weitere 10 Minuten gehen lassen. Anschließend ca. 5 mm dick ausrollen. Der ausgerollte Teig sollte eine Breite von 10–15 cm haben, damit die Schnecken schön klein werden. Dann die Fläche mit der Butter-Zimt-Mischung bestreichen und von einer langen Seite her einrollen. Mit einem Messer ca. 2 cm dicke Stücke abschneiden und diese zugedeckt auf der Arbeitsfläche noch einmal ca. 30 Minuten gehen lassen.

Für den Guss die vegane Butter mit Zucker erwärmen und in eine Auflaufform geben. Die Zimtschnecken in die Auflaufform hineinlegen und im vorgeheizten Ofen bei 200 °C 25–30 Minuten goldbraun backen.

Wussten Sie schon …

Beim Schleifen der Teiglinge legt man diese auf die Arbeitsfläche und bearbeitet die Teiglinge mit der flachen Hand und in einer kleinen Drehbewegung. Der Teig sollte sich mit der Hand mitbewegen. Nach 3–4 Umdrehungen wird die Hand zu einer leichten Hohlhand geformt, die die Teigkugel sanft, aber doch mit Druck umschließt. Dabei wird der Teig so lange weiterbewegt, »geschliffen«, bis er schön glatt ist und sich straff anfühlt.

Zweierlei Frühstücksbrötchen – Scones und Rosinenbrötchen

Für die Scones
230 g helles, glattes Weizenmehl
150 ml Vanillesojadrink
50 g vegane Butter
2 TL Weinsteinbackpulver
1 Prise Salz

1 EL vegane Butter und
1 EL Hafer Cuisine zum Bestreichen

Für die Rosinenbrötchen
250 g Dinkelmehl
130 ml Sojadrink
30 g vegane Butter
130 g Zucker
50 g Rosinen
15 g Hefe
1 Prise Salz

2 EL vegane Butter und
2 EL Hafer Cuisine zum Bestreichen

Zubereitungszeit Scones: 70 min
Zubereitungszeit Rosinenbrötchen:
140 min

Zubereitung der Scones

Mehl mit Backpulver und Salz mischen. Vegane Butter in Flocken zum Mehl geben und alles mit dem Vanillesojadrink in der Küchenmaschine zu einem glatten Teig verarbeiten. Den Teig zudecken und im Kühlschrank ca. 30 Minuten ruhen lassen. Anschließend den Teig auf einer bemehlten Arbeitsfläche 2 cm dick ausrollen und die Scones mithilfe eines Glases oder eines Ausstechers mit ca. 5 cm Durchmesser ausstechen. Scones auf ein mit Backpapier belegtes Blech legen. 1 EL vegane Butter schmelzen lassen und mit Hafer Cuisine vermischen. Scones damit bestreichen und im vorgeheizten Backofen bei 200 °C ca. 10 Minuten anbacken. Anschließend die Hitze auf 180 °C reduzieren und die Scones weitere 20 Minuten backen.

Zubereitung der Rosinenbrötchen

Vegane Butter in einem Topf schmelzen lassen und vom Herd nehmen. Sojadrink dazugeben und den Zucker darin auflösen. Dann Hefe im Sojadrink auflösen und mit Dinkelmehl, Salz und Rosinen in der Küchenmaschine zu einem glatten Teig verarbeiten. Zugedeckt an einem warmen Ort ca. 40 Minuten gehen lassen. Dann den Teig auf einer bemehlten Arbeitsfläche einmal durchkneten und ca. 10 Minuten ruhen lassen. Teig zu einer Rolle formen und gleich große Stücke abschneiden. Teiglinge auf der Arbeitfläche mit der Hand glatt schleifen und auf ein mit Backpapier belegtes Blech legen. Brötchen noch einmal zudecken und weitere 30 Minuten gehen lassen. Vegane Butter schmelzen lassen, mit Hafer Cuisine vermischen und die Brötchen vor dem Backen damit bestreichen. Im vorgeheizten Ofen bei 180 °C 25–30 Minuten goldbraun backen.

Vorspeisen

Tipp: Ich dekoriere diese Suppe gern zusätzlich mit getrockneten Tomatenscheiben, die Sie mit wenigen Handgriffen selbst herstellen können.

Schneiden Sie eine Tomate in 3–4 mm dicke Scheiben, legen Sie diese auf ein mit Backpapier belegtes Blech, und bestreuen Sie die Tomaten leicht mit Puderzucker. Trocknen Sie sie im Backofen bei ca. 160°C so lange, bis die Tomaten die gewünschte Konsistenz erreicht haben. Normalerweise dauert dies ca. 20–30 Minuten.

Geröstete-Tomaten-Karotten-Suppe mit Rosmarinstangerl

Für die Suppe

500 g halbierte Kirschtomaten
200 g in 2 cm breite Stücke geschnittene Karotten
80 g in grobe Streifen geschnittene Zwiebeln
4 ungeschälte Knoblauchzehen
5 Thymianzweige
5 Oreganozweige
1 Rosmarinzweig
2 Lorbeerblätter
Salz und Pfeffer aus der Mühle
1 TL Rohrzucker
4 EL Olivenöl
300 ml Wasser
20 g Reisnudeln für die Garnitur
1 Bund gehacktes Basilikum
Öl zum Frittieren

Für die Rosmarin-Stangerl

500 g helles, glattes Weizenmehl (am besten Farina Typ 00)
250 ml lauwarmes Wasser
30 g Hefe
3 EL Olivenöl
4 EL gehackter Rosmarin
1 TL Salz
1 Knoblauchzehe
½ TL Rohrzucker

Zubereitungszeit: 60 min

Zubereitung der Suppe

Backofen auf 200 °C vorheizen. Kirschtomaten, Karotten und Zwiebeln mit Kräutern, Salz, Pfeffer und Rohrzucker auf ein Backblech geben und alles mit Olivenöl vermischen. Alles im Ofen ca. 50 Minuten braten, bis das Gemüse weich ist. Gemüse aus dem Ofen nehmen. Knoblauchzehen schälen und Kräuterzweige entfernen. Gemüse mit Knoblauch und Wasser vermengen und mit einem Stabmixer pürieren. Reisnudeln in heißem Öl ca. 2 Minuten frittieren und auf Küchenkrepp abtropfen lassen.

Zubereitung der Rosmarinstangerl

Hefe in lauwarmem Wasser auflösen. Mehl mit Salz, Zucker, 2 EL Olivenöl und der Hefemischung in der Küchenmaschine zu einem glatten Teig verarbeiten. Den Teig auf einer bemehlten Arbeitsfläche zu einer Kugel formen und ca. 30 Minuten gehen lassen. Dann erneut durchkneten und in 6 gleich große Stücke aufteilen. Teiglinge zu Rollen formen und gegenläufig von beiden Seiten eindrehen. Stangerl auf ein mit Backpapier belegtes Blech legen, zudecken und weitere 20 Minuten gehen lassen. Knoblauch fein hacken und mit dem restlichen Olivenöl verrühren. Stangerl mit dem Knoblauchöl bestreichen, mit etwas grobem Salz und Rosmarin bestreuen und im vorgeheizten Backofen bei 230 °C 15–20 Minuten backen.

Die Tomaten-Karotten-Suppe mit Salz und Pfeffer abschmecken, gehacktes Basilikum unterheben und die Suppe in Tassen füllen. Die Suppe mit Olivenöl beträufeln und mit frisch gemahlenem Pfeffer bestreuen. Die Rosmarinstangerl dazu servieren.

Suppenwoche

Suppenwoche

Kürbiscremesuppe

600 g Muskatkürbisfleisch
90 g Zwiebeln
40 g vegane Butter
40 g helles, glattes Weizenmehl
1 l Gemüsebrühe
250 ml Hafer Cuisine
1 TL Kurkuma
Salz und Pfeffer aus der Mühle
1 Prise Muskatnuss
2 EL gehackte Kürbiskerne
Kürbiskernöl zum Garnieren

Zubereitungszeit: 40 min

Kürbisfleisch säubern und von Kernen und Fäden befreien. Dann in kleine Würfel schneiden. Zwiebeln schälen und fein würfeln. Vegane Butter in einem Topf erhitzen und Zwiebeln darin farblos anschwitzen lassen. Kürbiswürfel dazugeben und kurz mitrösten. Kurkuma hinzufügen und ebenfalls kurz mitrösten. Mehl hineingeben und gut durchrühren. Mit Gemüsebrühe aufgießen und ca. 30 Minuten kochen lassen. Hafer Cuisine dazugeben und die Suppe mit einem Stabmixer fein pürieren. Die Kürbiscremesuppe mit Salz, Pfeffer und Muskatnuss abschmecken und zu einer cremigen Konsistenz einkochen lassen. Die Kürbiskerne ohne Fett in einer beschichteten Pfanne langsam rösten lassen. Die Suppe in Schalen anrichten, mit Kürbiskernöl beträufeln und mit den gerösteten Kürbiskernen bestreuen.

Fenchel-Orangen-Suppe mit gelben Mungobohnen

1 kleine, geputzte und in Scheiben
geschnittene Fenchelknolle
2 EL Rapsöl
50 g geschälte gelbe
Mungobohnen
1 EL gemahlene Fenchelsamen
1 Knoblauchzehe
1 l nicht zu kräftige Gemüsebrühe
150 ml frisch gepresster Orangensaft
Salz und Pfeffer aus der Mühle

Zubereitungszeit: 25 min

Einen Topf erhitzen und Rapsöl hineingeben. Geschnittenen Fenchel, Mungobohnen und Knoblauch dazugeben und leicht anschwitzen. Mit Gemüsefond ablöschen und auffüllen. Die Suppe auf kleiner Flamme ca. 15 Minuten köcheln lassen, bis das Gemüse weich ist. Orangensaft dazugeben und die Suppe mit einem Stabmixer so lange pürieren, bis sie eine cremige Konsistenz hat. Mit Salz, Pfeffer und Fenchelsamen abschmecken. Die Suppe mit etwas Balsamicoglace und Mungobohnen garnieren.

Suppenwoche

Käferbohnensuppe

250 g Käferbohnen
800 ml Gemüsebrühe
200 ml Sojasahne
60 g gewürfelte Zwiebeln
1 geschälte und halbierte Zwiebel
1 Lorbeerblatt
2 Knoblauchzehen
40 g Rapsöl
4 geschälte und in Scheiben
geschnittene Karotten
2 geschälte und gewürfelte
Kartoffeln
1 TL edelsüßes Paprikapulver
Salz und Pfeffer aus der Mühle
1 EL Apfelessig

Zubereitungszeit: 70 min

Käferbohnen mindestens 12 Stunden einweichen lassen. Bohnen mit frischem Wasser etwas Salz, der halbierten Zwiebel, dem Lorbeerblatt und einer Knoblauchzehe zum Kochen bringen. Langsam auf kleiner Flamme köcheln lassen, bis die Bohnen weich sind. Anschließend abseihen. Die fein gewürfelten Zwiebeln in heißem Rapsöl anlaufen lassen. Karotten und Kartoffeln dazugeben und kurz mitrösten. Paprikapulver hinzufügen, kurz mitrösten und mit 1 EL Apfelessig ablöschen. Einige schöne Käferbohnen für die Garnitur zur Seite legen. Gekochte Käferbohnen zum Gemüse dazugeben, mit Gemüsebrühe auffüllen und ca. 15 Minuten köcheln lassen. Mit Sojasahne verfeinern und mit einem Stabmixer fein pürieren. Mit Salz und Pfeffer abschmecken. Zu der Käferbohnensuppe servieren Sie am besten dünne, getoastete Schwarzbrotscheiben.

Kresseschaumsuppe

700 g geschälte und
entkernte Salatgurken
1 Zwiebel
30 g vegane Butter
30 g helles, glattes Weizenmehl
500 ml Gemüsebrühe
150 ml Reis Cuisine
2 Packungen Kresse
Salz und weißer Pfeffer
aus der Mühle
1 Prise Muskatnuss
Brunnenkresse zum Garnieren

Zubereitungszeit: 25 min

Salatgurken in 2 cm große Stücke schneiden. Zwiebeln schälen und fein würfeln. Vegane Butter in einem Topf erhitzen und Zwiebelwürfel darin farblos anschwitzen. Gurkenstücke dazugeben und kurz mitschwitzen. Mit Mehl stauben, kurz mitrösten und dann mit Gemüsebrühe auffüllen. Die Suppe ca. 15 Minuten auf kleiner Flamme leicht köcheln lassen. Die Kresse und die Reis Cuisine hineinrühren und die Suppe mit einem Stabmixer fein pürieren. Mit Salz, Pfeffer und Muskatnuss abschmecken. Die Suppe in Tassen anrichten und mit Brunnenkresse garnieren.

Cremesuppe von frischen Zuckerschoten und Minze

800 ml Gemüsebrühe
300 ml Hafer Cuisine
400 g Zuckerschoten
1 Bund Petersilie
3 EL gehackte Minze
Salz und weißer Pfeffer
aus der Mühle
1 Prise Zucker
60 g eiskalte vegane Butter
in 1 cm großen Würfeln

Zuckerschotenstreifen und
Sprossen zum Garnieren

Zubereitungszeit: 30 min

Gemüsebrühe und Hafer Cuisine in einen Topf geben und auf die Hälfte einreduzieren lassen. Zuckerschoten putzen und kurz in Salzwasser blanchieren. Dann sofort in Eiswasser abschrecken und gut abtropfen lassen. Petersilienblätter von den Stielen abzupfen und fein hacken. Petersilie, Minze und Zuckerschoten in die einreduzierte Gemüsebrühe geben und mit einem Stabmixer fein pürieren. Mit Salz, Pfeffer und Zucker abschmecken. Eiskalte vegane Butter unter ständigem Mixen einrühren und die Suppe aufschäumen. Die Creme-suppe sofort anrichten und mit Zuckerschoten-streifen und einigen Sprossen garnieren.

Rote-Paprika-Suppe

250 g rote entkernte Paprika
1 Zwiebel
500 ml Gemüsebrühe
200 ml Reis Cuisine
2 EL Tomatenmark
4 EL vegane Butter
2 EL Mehl
2 Knoblauchzehen
1 entkernte Chilischote
1 Bund gehackte Petersilie
Salz und weißer Pfeffer
aus der Mühle
½ TL Zucker

Zubereitungszeit: 40 min

Paprika, Zwiebel, Knoblauch und Chilischote in kleine Würfel schneiden. Einen Topf erhitzen und vegane Butter darin schmelzen lassen. Paprika, Zwiebel, Chili und Knoblauch darin anrösten. Dann mit Mehl stauben und mit Gemüsebrühe auffüllen. Tomatenmark und Zucker dazugeben und ca. 30 Minuten köcheln lassen. Die Suppe mit einem Stabmixer fein pürieren, mit Reis Cuisine verfeinern und bis auf eine cremige Konsistenz einkochen lassen. Dann mit Salz und Pfeffer abschmecken. Mit einigen Chilischotenringen oder feinen Paprikawürfeln garnieren.

Mandel-Kokos-Gazpacho
mit frittierten Lauchstreifen

120 g blanchierte und
geschälte Mandeln
350 g geschälte und
entkernte Salatgurken
500 g gelbe Paprika
50 g in feine Streifen
geschnittene Karotten
40 g Zwiebeln
170 ml Kokosmilch
2 EL Olivenöl
½ Knoblauchzehe
Saft einer Zitrone
Salz und weißer Pfeffer
aus der Mühle
1 Prise Muskatnuss
Lauch zum Garnieren
2 EL helles, glattes Weizenmehl
Chilifäden

Zubereitungszeit: 70 min

Salatgurken, Paprika und Zwiebeln in grobe Stücke
schneiden. Gemüse mit Mandeln, Zitronensaft, Knoblauch, Kokosmilch und Olivenöl mit einem Stabmixer
oder in der Küchenmaschine fein pürieren. Die fein
geschnittenen Karottenstreifen ca. 2 Minuten in kochendem Salzwasser blanchieren und kalt abschrecken.
Die Karottenstreifen unter die Gazpacho geben.
Den Gazpacho mit Salz, Pfeffer und Muskatnuss abschmecken und kalt stellen. Lauch in feine Streifen
schneiden, mit Mehl stauben und in heißem Öl
knusprig frittieren.

Die Tassen zum Servieren des Gazpacho ca. 1 Stunde
in den Kühlschrank stellen.
Den Gazpacho in den gekühlten Tassen anrichten
und mit den knusprigen, noch heißen Lauchstreifen
und den Chilifäden garnieren.

Gazpacho ist wie gemacht für heiße Sommertage.
Er ist fruchtig, spritzig und sehr leicht. Die Mandeln
verleihen der Suppe eine sehr schöne Struktur und
geschmackliche Fülle. Dieses Rezept zeigt, dass auch
einfache Suppen im Geschmack überzeugen können.

*Dieses Rezept erinnert mich an meine
Kindheit. Immer wenn ich heute nach
Hause komme, freue ich mich darauf,
dass meine Mutter diese Suppe mit
frischem Gemüse aus ihrem Garten un
Erdäpfelraingerl auf den Tisch bringt.
Einfach perfekt!*

Gemüseeintopf
mit Erdäpfelraingerl

Für den Gemüseeintopf
400 g mehlige Kartoffeln
70 g Sellerie
70 g Petersilienwurzel
80 g Karotten
60 g Lauch
100 g Pfifferlinge
80 g Zwiebeln
100 g gekochte grüne Linsen
10 g getrocknete Steinpilze
2 Knoblauchzehen
800 ml Gemüsebrühe
200 ml Hafer Cuisine
30 g vegane Butter
1 EL helles, glattes Weizenmehl
1 TL Balsamicoessig
2 Lorbeerblätter
4 Wacholderbeeren
½ TL gemahlener Kümmel
Salz und Pfeffer aus der Mühle
Liebstöckel, Majoran

Für die Erdäpfelraingerl
500 g mehlige und grob
gewürfelte Kartoffeln
100 g helles, glattes Weizenmehl
50 g Weizengrieß
2 EL Sojamehl
4 EL Wasser
Salz und weißer Pfeffer
aus der Mühle
Muskatnuss

4–5 EL vegane Butter zum Braten

Zubereitungszeit: 45 min

Zubereitung des Gemüseeintopfs
Kartoffeln, Zwiebeln und Knoblauch in Würfel schneiden. Diese in der heißen veganen Butter hell anrösten und mit Mehl stauben. Mit Gemüsebrühe auffüllen und ca. 20 Minuten auf kleiner Flamme köcheln lassen. Lorbeerblätter und Wacholderbeeren mitkochen. Sellerie und Petersilienwurzel in 5 mm große Würfel schneiden. Lauch und Karotten in Scheiben schneiden und Steinpilze in warmem Wasser einweichen. Lorbeerblätter und Wacholderbeeren entfernen und die Suppe mit einem Stabmixer pürieren. Gemüse und die eingeweichten Steinpilze ohne dem Einweichwasser in die Suppe geben und weich kochen. Hafer Cuisine und Balsamicoessig zur Suppe dazugeben und mit Majoran, Kümmel, Salz und Pfeffer würzen. Pfifferlinge in heißem Öl anbraten und mit den Linsen unter die Suppe mischen.

Zubereitung der Erdäpfelraingerl
Kartoffeln in reichlich Salzwasser garen, abgießen und ausdampfen lassen. Sojamehl mit Wasser glatt rühren. Kartoffeln noch heiß passieren, mit Mehl, Grieß, dem angerührten Sojamehl und Gewürzen rasch zu einem glatten Teig verarbeiten. Den Kartoffelteig ca. 20 Minuten ruhen lassen. Dann daraus ca. 3 cm große Kugeln formen. Diese in veganer Butter in einer Pfanne erhitzen und herausbraten.

Die Gemüsesuppe in tiefen Tellern anrichten und mit frisch gehacktem Liebstöckel bestreuen. Dazu servieren Sie frisches Bauernbrot und die Erdäpfelraingerl.

Tipp: Erdäpfelraingerl schmecken auch hervorragend mit Apfelmus.

Aufstrichsortiment mit dünnem Fladenbrot

Zwiebelschmalz

200 g Kokosfett
200 g vegane Butter
2 Äpfel
2 Zwiebeln
1 TL Kurkuma
½ TL gemahlener Kümmel
½ TL frisch geriebener Ingwer
Salz und Pfeffer aus der Mühle
1 Prise Cayennepfeffer

Zubereitungszeit: 30 min

Äpfel schälen und halbieren. Kerngehäuse entfernen und die Äpfel sehr fein würfeln. Zwiebeln schälen und sehr fein schneiden. Kokosfett mit veganer Butter in einem Topf bei mittlerer Hitze schmelzen lassen. Dann Zwiebeln und Gewürze dazugeben und das Schmalz auf kleiner Flamme 15–20 Minuten köcheln lassen. Mit Salz und Pfeffer abschmecken. Das heiße Schmalz in eine verschließbare Schüssel füllen und im Kühlschrank erkalten lassen.

Erdäpfelkas

250 g mehlige Kartoffeln
2 EL vegane Butter
100 ml Hafer Cuisine
60 g Schalotten
1 Essiggurke
1 EL Essiggurkensaft
1 kleines Bund Schnittlauch
Salz und Pfeffer aus der Mühle

Zubereitungszeit: 25 min

Kartoffeln schälen und in leicht gesalzenem Wasser weich kochen, abseihen und fein passieren. Schalotten schälen und fein würfeln, Essiggurke fein würfeln und Schnittlauch in feine Ringe schneiden. Die vegane Butter schaumig rühren und mit den anderen Zutaten unter die Kartoffeln mischen. Es sollte eine cremige Masse entstehen. Eventuell rühren Sie einfach etwas mehr Hafer Cuisine unter. Mit Salz und Pfeffer abschmecken und den Kas ca. 1 Stunde durchziehen lassen.

Aufstrichsortiment mit dünnem Fladenbrot – Teil 2

Rote-Bete-Aufstrich

250 g Rote Bete
1 Knoblauchzehe
1 EL Tahin
3 EL Olivenöl
1 EL Apfelessig
1 EL gehackte Minze
2 Lorbeerblätter
Salz und Pfeffer aus der Mühle

Zubereitungszeit: 70 min

Rote Bete in gesalzenem Wasser mit 2 Lorbeerblättern weich kochen. Nach dem Kochen in eine Schüssel mit kaltem Wasser geben und anschließend schälen und klein schneiden. Rote-Bete-Stücke mit Olivenöl, Tahin, gehacktem Knoblauch, Apfelessig und Minze vermischen und mit einem Stabmixer zu einer glatten Creme verarbeiten. Mit Salz und Pfeffer abschmecken.

Bohnencreme

250 g getrocknete
schwarze Bohnen
60 g Zwiebeln
1 Knoblauchzehe
5 EL Olivenöl
1 Chilischote
1 TL Zitronensaft
½ Bund Petersilie
½ TL Kreuzkümmel
Salz und Pfeffer aus der Mühle

Zubereitungszeit: 100 min

Bohnen 12 Stunden einweichen. Danach mit frischem leicht gesalzenem Wasser in einem Topf bei mittlerer Hitze ca. 1½ Stunden weich kochen. Zwiebeln und Knoblauch schälen und fein hacken. 2 EL Olivenöl in einer Pfanne erhitzen. Zwiebeln, Knoblauch und Kreuzkümmel darin farblos anschwitzen. Chilischote halbieren, fein hacken und in der Pfanne kurz mitschwitzen. Bohnen abseihen und in einer Schüssel mit den Zwiebeln, den Gewürzen, dem restlichen Olivenöl, Zitronensaft und gehackte Petersilie vermischen. Alles mit dem Stabmixer fein pürieren. Je nach Konsistenz der Bohnen eventuell etwas mehr Olivenöl verwenden, es sollte eine schöne sämige Masse entstehen. Mit Salz und Pfeffer abschmecken.

Fladenbrot-Mix

500 g helles, glattes Weizenmehl
20 g Hefe
250 ml lauwarmes Wasser
3 EL Olivenöl
½ TL Zucker
½ TL Salz

4 EL Olivenöl
je 1 EL Rosmarinnadeln,
Meersalz,
feine Knoblauchscheiben
und Schwarzkümmel
zum Bestreuen

Zubereitungszeit: 90 min

Hefe und Zucker im lauwarmen Wasser auflösen und in der Küchenmaschine mit den übrigen Zutaten zu einem glatten Teig verarbeiten. Den Teig an einem warmen Ort ca. 30 Minuten gehen lassen. Dann auf einer bemehlten Arbeitsfläche ca. 2–3 mm dick ausrollen und in ca. 10 cm breite Streifen schneiden. Ein Blech mit Backpapier belegen und die Teigstreifen darauflegen. Die Streifen mit Olivenöl einstreichen und je einen Streifen mit Knoblauchscheiben, Rosmarin, Schwarzkümmel bzw. grobem Meersalz bestreuen. Das Fladenbrot im vorgeheizten Ofen bei 220 °C 10–15 Minuten goldbraun backen.

Blattsalat mit Tofu und karamellisiertem Apfel

Für den Salat
300 g gemischter Blattsalat
300 g Tofu
2 Äpfel
4 EL Haselnüsse
4 EL Agavendicksaft
2 EL Wasser
Salz und Pfeffer aus der Mühle

Für die Marinade
8 EL weißer Balsamicoessig
12 EL Olivenöl
1 Msp. Dijon-Senf
Salz und Pfeffer aus der Mühle
1 Prise Zucker

Rapsöl zum Braten

Zubereitungszeit: 20 min

Zubereitung des Salats
Blattsalat waschen und trocken schleudern. Äpfel schälen, Kerngehäuse entfernen und die Äpfel in Spalten schneiden. Aus dem Tofu zuerst 6 mm dicke Scheiben und diese danach in Dreiecke schneiden. Eine Pfanne erhitzen, etwas Rapsöl hineingeben und die Tofustücke auf beiden Seiten scharf anbraten. Mit Salz und Pfeffer würzen. Dann die Tofustücke aus der Pfanne heben und die Apfelspalten kurz in der Pfanne anbraten. Agavendicksaft, Wasser und Haselnüsse dazugeben und das Ganze einmal aufkochen lassen. Die Tofustücke noch einmal kurz in der Pfanne durchschwenken.

Zubereitung der Marinade
Balsamico mit Senf, Salz, Zucker und etwas Pfeffer anrühren. Dann das Olivenöl mit dem Schneebesen einrühren.

Blattsalat mit der Marinade mischen und mit Salz und Pfeffer abschmecken. Auf Tellern anrichten und den Tofu mit den Äpfeln auf dem Salat verteilen.

Ursprünglich verstand man unter dem Begriff Confit in Fett eingekochtes Fleisch. Heute wird der Ausdruck auch für in Essig gegarte Gemüse (hauptsächlich Tomaten und Zwiebeln) verwendet, die zu einer würzigen, einer Marmelade ähnelnden Konsistenz einge- kocht werden.

Vietnamesische Frühlingsrollen
mit Steinpilzfüllung auf Tomatenconfit

Für die Frühlingsrollen

200 g Steinpilze
60 g Reisnudeln
80 g Karotten
80 g Mungobohnenkeimlinge
80 g geschälte und
entkernte Salatgurken
80 g rote Paprika
Salz und Pfeffer aus der Mühle
5 Eisbergsalatblätter
2 EL fein gehackter Koriander
4 Reispapierblätter mit einem
Durchmesser von 30 cm

Für das Confit

200 g Kirschtomaten
1 Schalotte
1 Knoblauchzehe
1 Thymianzweig
1 kleines Lorbeerblatt
1 EL brauner Zucker
1 EL Olivenöl
Salz und Pfeffer aus der Mühle
1 EL Balsamicoessig

Zubereitungszeit: 60 min

Zubereitung der Frühlingsrollen

Steinpilze in ca. 1 cm dicke Streifen schneiden. In einer Pfanne etwas Olivenöl erhitzen und die Steinpilze darin von beiden Seiten kurz anbraten. Mit Salz und Pfeffer würzen. Gemüse und Salatblätter in feine Streifen schneiden und Reisnudeln in etwas heißem Öl frittieren. Reispapier kurz in warmes Wasser legen, gleich wieder herausnehmen und auf ein ausreichend großes Stück Frischhaltefolie legen. Gleichmäßig Salat- und Gemüsejulienne und Mungobohnenkeimlinge darauf verteilen, gebratene Steinpilze darauflegen und mit gehacktem Koriander bestreuen. Die Seiten des Reispapiers einschlagen und einrollen. Die Frühlingsrollen fest in die Frischhaltefolie einrollen und ca. 30 Minuten im Kühlschrank ruhen lassen.

Zubereitung des Tomatenconfit

Kirschtomaten vierteln, Schalotte schälen und fein würfeln. Olivenöl in einer kleinen Pfanne erhitzen und Schalottenwürfel sowie den fein gewürfelten Knoblauch darin anlaufen lassen. Zucker dazugeben und leicht karamellisieren lassen. Kirschtomaten, Thymian und Lorbeerblatt hinzufügen und mit Balsamicoessig ablöschen. Das Confit auf kleiner Flamme zu einer festen Konsistenz einkochen lassen. Mit Salz und Pfeffer abschmecken.

Frühlingsrollen aus der Folie nehmen, halbieren und auf dem Tomatenconfit anrichten. Mit einigen Knoblauchsprossen garnieren.

Rote-Bete-Salat mit Tofufingern

Für den Rote-Bete-Salat
400 g gekochte Rote Bete
4 EL weißer Balsamicoessig
6 EL Sesamöl
½ TL Kreuzkümmel
½ TL Zucker
Salz und weißer Pfeffer
aus der Mühle

Für die Tofufinger
320 g Tofu
150 ml Sojadrink
1 EL Apfelessig
60 g helles, glattes Weizenmehl
3 EL Hanfsamen
1 Msp. Weinsteinbackpulver
Wasabipulver
Salz

Öl zum Ausbacken
Zitrone und Kerbel zum Garnieren

Zubereitungszeit: 60 min

Zubereitung des Salats
Die gekochte Rote Bete schälen und in Streifen schneiden. Eine Marinade aus Balsamico, Sesamöl, Kreuzkümmel und Zucker anrühren. Die Streifen zur Marinade geben, mit Salz und Pfeffer abschmecken und ca. 1 Stunde ziehen lassen.

Zubereitung der Tofufinger
Sojadrink mit Apfelsaft verrühren und ca. 15 Minuten ruhen lassen. Backpulver mit Mehl, Wasabipulver, Salz und Hanfsamen in den Sojadrink einrühren. Tofu in ca. 5 mm breite und 10 cm lange Streifen schneiden. Die Tofufinger zuerst in ein wenig Mehl wenden und dann durch den Sojadrink ziehen. Anschließend in heißem Pflanzenöl goldbraun ausbacken.

Den Rote-Bete-Salat in Gläsern anrichten und die Tofufinger darauf verteilen. Mit etwas Zitrone und frischem Kerbel garnieren.

Wussten Sie schon …

Käferbohnen kennt man
auch als Feuerbohnen oder
Türkische Bohnen.

Ras el-Hanout ist eine
ursprünglich marokka-
nische Gewürzmischung
aus vielen Zutaten.

Käferbohnensalat mit knuspriger Gewürzpolenta

Für den Käferbohnensalat
250 g Käferbohnen
100 g rote Zwiebeln
2 Lorbeerblätter
4 EL Kürbiskernöl
8 EL Apfelessig
1 Knoblauchzehe
½ TL gemahlener Kümmel
1 TL Zucker
Salz und Pfeffer aus der Mühle

Für die Gewürzpolenta
380 ml Wasser
100 g Maisgrieß
2 TL Olivenöl
1 TL Ras el-Hanout
100 ml Sojadrink
1 EL Apfelessig
100 g helles, glattes Weizenmehl
150 g Semmelbrösel
50 g gehackte Kürbiskerne
Salz und weißer Pfeffer
aus der Mühle

300 ml Öl zum Ausbacken

Zubereitungszeit: 90 min

Zubereitung des Salats

Käferbohnen 12 Stunden in reichlich kaltem Wasser einweichen. Anschließend die Bohnen in leicht gesalzenem Wasser mit den Lorbeerblättern weich kochen. Zwiebeln schälen und in Streifen schneiden, Knoblauch schälen und fein hacken. Die Bohnen abgießen, Zwiebel und Knoblauch dazugeben und noch warm mit Apfelessig und Kürbiskernöl marinieren. Mit Zucker, Salz, Pfeffer und gemahlenem Kümmel abschmecken.

Zubereitung der Gewürzpolenta

Wasser mit Olivenöl, Salz, Pfeffer und Ras el-Hanout zum Kochen bringen. Maisgrieß unter ständigem Rühren einrieseln lassen. Alles auf kleinster Flamme ca. 15 Minuten und unter ständigem Rühren quellen lassen. Polenta ca. 2 cm hoch auf ein mit Backpapier belegtes Blech aufstreichen und auskühlen lassen. Sojadrink mit Apfelessig anrühren und ca. 15 Minuten ruhen lassen. Semmelbrösel und Kürbiskerne gut vermischen. Polenta in 2 cm große Würfel schneiden. Polentawürfel zuerst in Mehl wenden, danach durch den Sojadrink ziehen und anschließend im Brösel-Kürbiskern-Gemisch panieren. Öl in einer Pfanne erhitzen und die Polenta darin goldbraun herausbacken. Anschließend auf Küchenkrepp abtropfen lassen.

Den Käferbohnensalat auf Tellern anrichten und die gebackenen Gewürzpolentawürfel darauf anrichten.

*Brickteig stammt aus der nordafrikanischen
Küche. Das bekannteste Gericht kennen
viele aus der Tunesischen Küche als »Brick
à l'oeuf«. Brickteig ist ein sehr dünner
und weicher Weizenteig. Kaufen Sie ihn
am besten fertig.*

Brickteig mit Zartweizen-Gemüse-Füllung und Karotten-Orangen-Salat

**Für die
Zartweizen-Gemüse-Füllung**
4 Blätter Brickteig
280 ml Wasser
140 g Zartweizen
40 g Karotten
40 g Stangensellerie
40 g Rosinen
3 EL leichte Sojasauce
½ Chilischote
2 EL vegane Butter
Kurkuma und Kreuzkümmel
Salz und Pfeffer aus der Mühle
Pflanzenöl zum Ausbacken

Für den Salat
200 g Karotten
100 g Orangenfilets
100 g Apfelspalten
3 EL Limetten-Balsamicoessig
2 EL Olivenöl
1 TL Orangenblütenwasser
½ TL brauner Zucker
Salz und Pfeffer aus der Mühle
1 Prise Zimt
Minze für die Dekoration

Zubereitungszeit: 40 min

Zubereitung der Füllung

Zartweizen in leicht gesalzenem Wasser mit Kurkuma und Kreuzkümmel weich dünsten. Karotten und Staudensellerie in kleine Würfel schneiden und in veganer Butter mit der fein gehackten Chilischote anschwitzen. Mit Salz und Pfeffer würzen. Gemüse mit Rosinen und Zartweizen mischen. Ein Stück Brickteig auf ein Geschirrtuch legen und die Füllung darauflegen. Das untere Drittel des Teiges nach oben schlagen. Dann die Seiten mit etwas Wasser bestreichen. Zwei Seiten einschlagen und den Teig einrollen. In heißem Pflanzenöl bei ca. 180 °C goldbraun ausbacken und auf Küchenkrepp abtropfen lassen.

Zubereitung des Salats

Karotten schälen und in feine Streifen schneiden. Orangenfilets, Apfelspalten und Karottenstreifen mischen. Den Salat mit Limetten-Balsamico, Olivenöl, Orangenblütenwasser, Zucker, Salz, Pfeffer und einer Prise Zimt würzen.

Den Karotten-Orangen-Salat so trocken wie möglich auf den Tellern verteilen. Die Brickröllchen halbieren und dekorativ am Salat anrichten. Mit Minzeblättchen dekorieren.

Kürbisterrine mit Tamarinden-Chutney

Für die Kürbisterrine

250 g geschälter und in 1 cm
große Würfel geschnittener
Hokkaidokürbis
40 g fein gehackte Schalotten
1 fein gehackte Knoblauchzehe
15 g vegane Butter
150 ml Hafer Cuisine
70 ml Gemüsebrühe
5 g Agar-Agar
½ TL Kurkuma
1 TL Zitronensaft
1 Prise Kreuzkümmel
Salz und weißer Pfeffer
aus der Mühle

Für das Chutney

40 g Tamarindenmark
150 ml kochendes Wasser
½ EL fein geriebener Ingwer
1 EL Zitronensaft
1 TL brauner Zucker
1 TL Salz
½ TL Kreuzkümmel
½ TL Garam masala

Kresse zum Garnieren

Zubereitungszeit: 50 min

Zubereitung der Kürbisterrine

Eine Terrinenform mit Frischhaltefolie auslegen. Vegane Butter erhitzen und Schalotten- sowie Knoblauchwürfel darin anschwitzen. Kürbiswürfel dazugeben und kurz mit Kurkuma und Kreuzkümmel mitrösten. Mit Hafer Cuisine auffüllen und den Kürbis weich dünsten. Zitronensaft hinzugeben und alles mit einem Stabmixer fein pürieren. Agar-Agar mit kalter Gemüsebrühe glatt rühren, in die Kürbismasse einrühren, ca. 1 Minute mitköcheln lassen und anschließend mit Salz und Pfeffer abschmecken. Die Masse in die Terrinenform füllen und mindestens 3 Stunden kalt stellen.

Zubereitung des Chutney

Tamarindenmark in einer Schüssel mit kochendem Wasser übergießen, ca. 40 Minuten quellen lassen und immer wieder mit einem Schneebesen umrühren. Dann das Tamarindenmark durch ein sehr feines Sieb streichen. Das passierte Mark aufkochen, Gewürze, braunen Zucker und Zitronensaft dazugeben und alles einreduzieren lassen, bis es eine breiige Konsistenz hat.

Die Kürbisterrine aus der Form stürzen und in Scheiben schneiden. Mit dem Tamarinden-Chutney und der Kresse anrichten.

Dinkel-Löwenzahn-Cannelloni

Für die Cannelloni
12 Dinkellasagneblätter
300 g Löwenzahnblätter
100 g Spinatblätter
100 g Sojafrischkäse
60 g Zwiebeln
1 Knoblauchzehe
1 TL Zucker
Salz und Pfeffer aus der Mühle
1 Prise Muskatnuss
2 EL Olivenöl

Für die Senfsauce
400 g Seidentofu
1 EL Dijon-Senf
6 EL vegane Butter

Weißbrotbrösel zum Bestreuen

Zubereitungszeit: 30 min

Löwenzahn- und Spinatblätter waschen und gut abtropfen lassen. Zwiebeln in feine Streifen schneiden und Knoblauch fein hacken. Olivenöl in einem Topf erhitzen. Zwiebeln und Knoblauch darin anschwitzen und Zucker dazugeben.
Dann Löwenzahn und Spinat hinzugeben und mitschwitzen. Sojafrischkäse unterrühren und mit Salz, Pfeffer und Muskatnuss abschmecken.

Lasagneblätter in reichlich Salzwasser weich kochen, danach aus dem Wasser heben, mit der Löwenzahn-Spinat-Masse füllen, einrollen und in eine gebutterte Auflaufform geben. Für die Sauce vegane Butter in einem Topf schmelzen lassen. Dijon-Senf einrühren. Seidentofu dazugeben und mit einem Stabmixer fein passieren. Mit etwas Salz und Pfeffer abschmecken.

Senfsauce über die Cannelloni geben und mit Weißbrotbrösel bestreuen. Die Cannelloni im Backofen auf höchster Grillstufe goldbraun überbacken.

Wussten Sie schon …

Mie de Pain sind Weißbrotbrösel ohne Rinde. Falls Sie sie im Biomarkt Ihres Vertrauens nicht finden können, stellen Sie sie einfach selbst her. Mithilfe eines Messers einfach die Rinde vom Weißbrot abschneiden und das übrige Brot grob würfeln und in der Küchenmaschine (mit dem Cutter) fein zerreiben.

Rote Bete im Backteig auf koreanischem Gurkensalat mit Wasabi-Mayonnaise

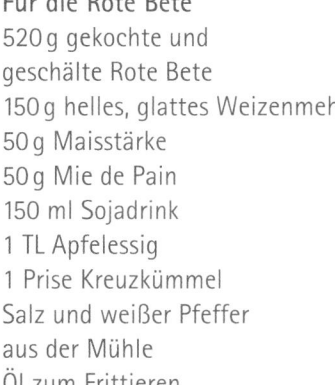

Für die Rote Bete
520 g gekochte und
geschälte Rote Bete
150 g helles, glattes Weizenmehl
50 g Maisstärke
50 g Mie de Pain
150 ml Sojadrink
1 TL Apfelessig
1 Prise Kreuzkümmel
Salz und weißer Pfeffer
aus der Mühle
Öl zum Frittieren

Für den Gurkensalat
480 g Salatgurken
½ TL Zucker
1 halbierte, entkernte Chilischote
1 EL Sesamöl
1 EL Sojasauce
1 EL Reisweinessig
1 EL gehackter Koriander
1 TL Hanfsamen

Für die Mayonnaise
40 g Sojadrink
60 g Rapsöl
1 TL Wasabipaste
¼ TL Sesamöl
1 Spritzer Zitronensaft
1 Prise Cayennepfeffer
½ TL Senf
Salz und Pfeffer aus der Mühle

Frische Kresse zum Garnieren

Zubereitungszeit: 45 min

Zubereitung der gebackenen Rote Bete
Sojadrink mit Apfelessig anrühren und ca. 15 Minuten ruhen lassen. Rote Bete in ca. 5 mm dicke Scheiben schneiden. Mit Salz, Pfeffer und Kreuzkümmel leicht auf beiden Seiten würzen und in etwas Mehl wenden. Mehl mit Mie de Pain und Maisstärke mischen und in den Sojadrink rühren. Rote-Bete-Scheiben durch den Backteig ziehen und in heißem Öl unter einmaligem Wenden goldbraun herausbacken. Auf Küchenkrepp abtropfen lassen.

Zubereitung des Gurkensalats
Gurken halbieren, entkernen und in nicht zu dünne Streifen schneiden. Chilischote in feine Streifen schneiden. Reisweinessig, Zucker, Sojasauce und Sesamöl anrühren, über die Gurken geben und vermischen. Den Salat ca. 30 Minuten ziehen lassen. Hanfsamen ohne Zugabe von Fett in einer Pfanne anrösten. Vor dem Servieren Chilistreifen, Hanfsamen und gehackten Koriander über die Gurken geben und noch einmal kurz durchrühren.

Zubereitung der Mayonnaise
Sojadrink mit Senf, einem Spritzer Zitronensaft, Salz und Pfeffer würzen. Rapsöl und Sesamöl langsam während des Vermischens mit einem Stabmixer in den Sojadrink einlaufen lassen. Wasabipaste unterrühren und alles mit Cayennepfeffer abschmecken.

Den Gurkensalat auf Tellern verteilen. Die Rote Bete darauf anrichten und mit Wasabi-Mayonnaise und frischer Kresse garnieren.

Artischockenrisotto

250 g Risottoreis
300 g kleine Artischocken
50 g rote Paprika
30 g Rucola
90 g Zwiebeln
1,2 l Artischockenfond
200 ml Hafer Cuisine
50 g vegane Butter
1 Zitrone
Saft einer Zitrone
2 Knoblauchzehen
Salz und weißer Pfeffer
aus der Mühle

Zubereitungszeit: 65 min

Die äußersten, harten Blätter der Artischocken entfernen und die harten Spitzen der verbliebenen Blätter großzügig abschneiden. Die Stiele der Artischocken schälen und die geputzten Artischocken mit einer Zitrone in reichlich Salzwasser ca. 15 Minuten auf kleiner Flamme köcheln lassen. Artischocken aus dem Fond heben und klein schneiden. Die Zitrone aus dem Fond entfernen. Zwiebeln und Knoblauch schälen und fein würfeln. Die vegane Butter in einem Topf schmelzen und Zwiebeln darin anlaufen lassen. Risottoreis und Knoblauch dazugeben und kurz mitschwitzen lassen. Den Reis mit einem Drittel des Artischockenfonds ablöschen und unter ständigem Rühren einkochen lassen. Den restlichen Fond nach und nach dazugeben, wenn der Reis die Flüssigkeit vollkommen aufgenommen hat. Paprika halbieren, entkernen und in feine Würfel schneiden. Kurz vor Ende der Garzeit des Risottos die Hafer Cuisine, die Artischocken und die Paprikawürfel unterrühren. Mit Salz, Pfeffer und Zitronensaft abschmecken und den Rucola vorsichtig unterheben. Sofort servieren.

Tipp: Der Fond sollte immer kochend heiß sein. Rühren Sie ihn nach und nach unter das Risotto. Die Garzeit des Reises beträgt je nach Sorte 15–20 Minuten. Meistens finden Sie eine Angabe zur Garzeit auf der Verpackung. Das Risotto ist fertig, wenn der Reis noch leicht kernig ist. Das Risotto immer sofort servieren, weil der Reis die restliche Flüssigkeit aufsaugt.

Tipp: Die Grießschnitte eignet sich auch hervorragend als Beilage zu Saucengerichten oder im Sommer zum Grillen. Tauschen Sie einfach die Nüsse z. B. gegen Rosmarin und getrocknete Steinpilze aus.

Gratinierte Nuss-Grießschnitte mit Apfelrotkohl

Für die Nuss-Grießschnitte

1 l Haferdrink
250 g Weizengrieß
2 EL gehackte Kürbiskerne
2 EL gehackte Walnüsse
2 EL gehackte Macadamianüsse
70 g vegane Butter
Salz und weißer Pfeffer
aus der Mühle
3 EL vegane Butter zum Braten

Für den Rotkohl

800 g Rotkohl
50 g Rohrzucker
200 ml Orangensaft
3 geschälte und geriebene Äpfel
60 g Rapsöl
100 g Zwiebeln
3 EL Apfelessig
70 g Preiselbeermarmelade
3 angedrückte Wacholderbeeren
2 Lorbeerblätter
½ Zimtstange
5 Gewürznelken
1 Kardamomkapsel
5 weiße Pfefferkörner
Salz
1–2 EL Maisstärke

Zubereitungszeit: 90 min

Zubereitung der Nuss-Grießschnitte

Haferdrink mit Salz aufkochen. Nüsse und Kürbiskerne ohne Fett in einer Pfanne anrösten. Dann in den Haferdrink geben und den Grieß langsam einrieseln lassen. Auf ganz kleiner Flamme unter gelegentlichem Rühren ca. 10 Minuten quellen lassen. Vegane Butter unterrühren, die Masse auf einem mit Backpapier belegten Blech ca. 1,5 cm dick aufstreichen und erkalten lassen. Erkalteten Grieß nach Lust und Laune rund ausstechen oder in Rechtecke schneiden. 3 EL vegane Butter in einer heißen Pfanne schmelzen lassen und die Grießscheiben darin von beiden Seiten goldbraun anbraten. Kurz auf Küchenkrepp abtropfen lassen.

Zubereitung des Rotkohls

Rotkohl fein hobeln oder mit einem scharfen Messer fein schneiden. Mit Apfelessig, Orangensaft, Preiselbeermarmelade, Salz und dem geriebenen Apfel marinieren, kräftig durchkneten und mindestens 1 Stunde ruhen lassen. Zwiebeln in feine Streifen schneiden. Aus den restlichen Gewürzen mithilfe eines Teebeutels zum Selbstfüllen ein Gewürzsäckchen herstellen. Zwiebeln in heißem Öl anrösten, Zucker dazugeben und leicht karamellisieren lassen. Den Rotkohl mit der Marinade dazugeben und mit dem Gewürzsäckchen ca. 30 Minuten nicht zu weich köcheln lassen. Dann das Gewürzsäckchen entfernen und den Rotkohl mit der in ca. 4 EL kaltem Wasser angerührten Maisstärke binden. Die Stärke nach und nach unter den Rotkohl rühren, bis dieser eine cremige Konsistenz und einen schönen Glanz erhält.

*Tipp: Bereiten Sie das Chutney
bereits einige Tage vorher zu,
und machen Sie gleich eine
größere Menge als Vorrat.
Es schmeckt nach einigen
Tagen einfach gehaltvoller.*

Gegrillter Tofu auf Mango-Linsen-Salat auf Papadam mit Limetten-Chutney

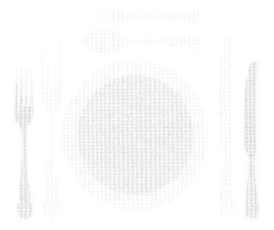

Für den gegrillten Tofu
4 Tofuscheiben à 80 g
4 EL Olivenöl
1 EL grob gehackter Koriander
1 EL grob gehackte Petersilie
½ Chilischote
1 Knoblauchzehe
½ TL fein geriebener Ingwer
1 EL Agavendicksaft
1 TL Senf
Salz und Pfeffer aus der Mühle
Öl zum Grillen

Für den Mango-Linsen-Salat
200 g gewürfelte Mango
200 g gekochte Beluga-Linsen
40 g fein gehackte Schalotten
50 g rote, fein gewürfelte Paprika
6 EL weißer Balsamicoessig
9 EL Walnussöl
1 EL gehackter Koriander
Salz und weißer Pfeffer
aus der Mühle
1 Prise Zucker

Für das Chutney
500 g geschälte Limetten
2 TL Salz
1 EL fein geriebener Ingwer
1 halbierte, entkernte und in feine
Streifen geschnittene Chilischote
4 Kardamomkapseln
1 Sternanis
300 g Zucker
250 ml Apfelessig
100 ml Wasser
2 fein gehackte Knoblauchzehen

Zubereitung des Tofu
Olivenöl mit Agavendicksaft, Kräutern, Senf und Gewürzen mit einem Stabmixer vermischen. Tofuscheiben mit der Marinade bestreichen und mindestens 3 Stunden ziehen lassen. Nach dem Ruhen eine Grillpfanne erhitzen, mit Öl einstreichen, Tofuscheiben beidseitig grillen und leicht salzen.

Zubereitung des Mango-Linsen-Salats
Mangowürfel mit Linsen, Schalotten und Paprikawürfeln mischen. Mit Walnussöl und Balsamicoessig marinieren, mit Salz, Pfeffer, Zucker und gehacktem Koriander würzen und ca. 1 Stunde ziehen lassen.

Zubereitung des Chutney
Limetten in kleine Würfel schneiden, diese mit den Gewürzen, Salz und Zucker mischen und mindestens 12 Stunden im Kühlschrank ziehen lassen. Dann die Limetten mit Apfelessig und Wasser in einen Topf geben und auf kleiner Flamme so lange einkochen lassen, bis die Masse einer Marmelade ähnelt. In Gläser abfüllen und mindestens 1 weiteren Tag durchziehen lassen.

Papadams in heißem Öl herausbacken und auf Küchenkrepp abtropfen lassen. Papadams mit Eisbergsalatjulienne (in sehr feine Streifen geschnittene Salatblätter) belegen, Mangosalat darauf verteilen und den gegrillten Tofu anrichten. Mit Limetten-Chutney garnieren.

4 Papadams
Öl zum Ausbacken
Eisbergsalat-Julienne zum Garnieren

Zubereitungszeit: ca. 90 min

Tipp: Sollte das Kürbispüree zu feucht sein, rösten Sie es in einem Topf noch etwas, damit Flüssigkeit verdampft. Sollte die Gnocchi-Masse dennoch zu weich sein, erhöhen Sie einfach die Mehl- und Polentamenge, bis ein schöner, aber nicht zu fester Teig entsteht.

Kürbisgnocchi mit Kürbiskern-Kräuter-Butter

Für die Kürbisgnocchi
400 g Kürbisfleisch
400 g Kartoffeln
200 g helles, glattes Weizenmehl
80 g weiße Polenta
1 Prise Muskatnuss
Salz und Pfeffer aus der Mühle
etwas Mehl zum Formen
der Gnocchi

Für das Pesto
3 EL vegane Butter
150 g gehackte Kürbiskerne
150 ml Kürbiskernöl
1 Knoblauchzehe
1 Bund gehackte Petersilie
Salz und weißer Pfeffer
aus der Mühle
½ entkernte und in feine Streifen
geschnittene Chilischote

4 Thymianzweige zum Garnieren

Zubereitungszeit: 70 min

Zubereitung der Gnocchi

Kürbisfleisch in 2 x 2 cm große Stücke teilen. Eine Kasserolle einfetten und das Kürbisfleisch darin bei 200 °C ca. 30 Minuten weich garen. Dann mit einem Stabmixer pürieren. Kartoffeln weich kochen, schälen und noch warm durch die Kartoffelpresse drücken. Kürbispüree, passierte Kartoffeln, Mehl, Polenta und Gewürze rasch zu einem glatten Teig verarbeiten. Den Teig ca. 40 Minuten ruhen lassen. Dann zu 2 cm dicken Rollen formen, davon 2 cm lange Stücke abstechen und diese mit einer Gabel flach drücken. Sollte der Teig zu weich sein, noch etwas Mehl einarbeiten.
Reichlich Salzwasser in einem großen Topf zum Kochen bringen. Kürbisgnocchi ins kochende Wasser geben und einmal kurz aufkochen lassen. Die Gnocchi ca. 5 Minuten ziehen lassen und dann mit einem Schaumlöffel vorsichtig aus dem Wasser heben.

Zubereitung des Pesto

Vegane Butter in einer Pfanne schmelzen lassen und Kürbiskerne darin anrösten. Knoblauch in feine Streifen schneiden und zu den Kürbiskernen geben. Gehackte Petersilie, Chilistreifen und Kürbiskernöl unter die Kürbiskerne mischen. Mit Salz und Pfeffer abschmecken.

Die Kürbisgnocchi vorsichtig mit dem Pesto mischen, auf Tellern anrichten und pro Portion jeweils mit einem Thymianzweig garnieren.

Ofenzwiebel
mit Perlgraupenrisotto

Für die Ofenzwiebeln
4 große Zwiebeln
2 Rosmarinzweige
1 Lorbeerblatt
Salz
Olivenöl zum Einstreichen

Für das Risotto
150 g Perlgraupen
800 ml Gemüsebrühe
100 ml Hafer Cuisine
40 g getrocknete und
eingelegte Tomaten
1 fein gehackte Knoblauchzehe
1 EL gehackte Petersilie
1 EL gehacktes Basilikum
1 TL gehackter Thymian
1 TL Schnittlauch
Salz und Pfeffer aus der Mühle
1 Prise Zucker
Saft einer Zitrone
3 EL Olivenöl

Zubereitungszeit: 35 min

Zubereitung der Ofenzwiebeln

Zwiebeln von den losen, trockenen Schalen befreien und sauber waschen. Die Deckel der Zwiebeln abschneiden und beiseitelegen. Zwiebeln mit einem Parisienne-Ausstecher aushöhlen, sodass je nach Stärke der Zwiebelwände 1–2 Zwiebelringe stehen bleiben. Die Zwiebeln sollten auch nach dem Backen noch stabil stehen können. Zwiebeln rundherum mit Olivenöl einstreichen und leicht salzen. Dann ca. 20 Minuten mit dem Deckel, Lorbeerblatt und den Rosmarinzweigen im Ofen bei 220 °C garen. Die Zwiebeln sollten aber nicht zu weich werden.

Zubereitung des Risottos

60 g der herausgeholten Zwiebeln sehr fein hacken. Olivenöl in einem Topf erhitzen und die Zwiebeln mit dem Knoblauch darin glasig anschwitzen. Perlgraupen dazugeben und kurz mitschwitzen lassen. Mit Gemüsebrühe aufgießen und das Risotto zugedeckt unter gelegentlichem Umrühren auf kleiner Flamme 10–15 Minuten köcheln lassen. Sollten die Perlgraupen danach noch zu fest sein, eventuell noch etwas Gemüsebrühe dazugeben. Hafer Cuisine einrühren und Kräuter sowie klein geschnittene, getrocknete Tomaten unterrühren. Mit Zitronensaft, Salz, Pfeffer und einer Prise Zucker abschmecken.

Die Zwiebeln aus dem Ofen nehmen und mit dem Perlgraupenrisotto füllen.

Pikante Kichererbsen »Indische Art«

800 g gekochte Kichererbsen
400 g geschälte und
passierte Tomaten
200 g Kirschtomaten
120 g Zwiebeln
1 EL Ingwer
2 Knoblauchzehen
2 grüne Chilischoten
2 TL gemahlener Kreuzkümmel
1 TL Garam masala
1 TL gemahlener Koriander
1 TL Kurkuma
1 TL Zucker
6 EL Rapsöl
Salz
2 EL gehackter Koriander
zum Bestreuen

Zubereitungszeit: 20 min

Kirschtomaten in Scheiben schneiden. Zwiebeln und Knoblauch fein hacken. Chilischoten entkernen und fein hacken. Ingwer fein reiben. Pflanzenöl in einem Topf erhitzen und Zwiebeln darin goldbraun rösten. Alle Gewürze außer Salz und Zucker sowie Chili und Ingwer hinzugeben und kurz mitrösten. Mit den passierten Tomaten auffüllen. Kichererbsen und Zucker dazugeben und alles ca. 10 Minuten köcheln lassen. Geschnittene Kirschtomaten hinzufügen und mit Salz abschmecken.

Kichererbsen auf Tellern anrichten und mit frischem Koriander bestreuen. Dazu servieren Sie am besten Chapati, ein indisches Fladenbrot aus Gersten-, Hirse- und Weizenmehl, oder Reis.

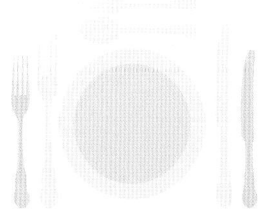

Ein herrlich frisches Gericht. Den Nudelteig können Sie mit frischen Kräutern oder getrockneten Chiliflocken variieren. Das Avocadopesto lädt geradezu zum Experimentieren ein.

Selbst gemachte Linguini mit Avocadopesto

Für die Linguini
300 g helles, glattes Weizenmehl
100 g Hartweizengrieß
(Semola di grano duro)
160 ml Wasser
2 EL Olivenöl
1 TL Salz

Für das Avocadopesto
1 Avocado
5 getrocknete Tomaten
1 Bund Basilikum
1 Bund Petersilie
50 g Pinienkerne
Saft einer Zitrone
2 Knoblauchzehen
80 ml Olivenöl
1 Chilischote
Salz und Pfeffer aus der Mühle

Geröstete Pinienkerne und
Basilikumblätter zum Garnieren

Zubereitungszeit: 80 min

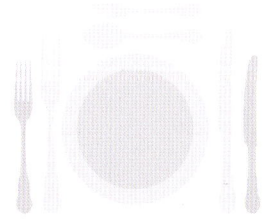

Zubereitung der Linguini
Mehl mit Hartweizengrieß, Salz, Olivenöl und Wasser mit dem Knethaken der Küchenmaschine zu einem glatten Teig verarbeiten. Anschließend auf einer bemehlten Arbeitsfläche mit den Händen noch einmal kräftig durchkneten und zu einer Kugel formen. Den Teig in Klarsichtfolie einschlagen und im Kühlschrank mindestens 1 Stunde ruhen lassen. Danach am besten mit der Nudelmaschine weiterverarbeiten oder mit dem Nudelholz auf einer bemehlten Arbeitsfläche ca. 3 mm dick ausrollen. Die Nudelteigplatte leicht mit Mehl bestauben und mit dem Messer in 2 mm breite Nudeln schneiden. Die Nudeln in reichlich kochendem Salzwasser nur 3 – 4 Minuten kochen lassen, denn frische Nudeln sind schnell gar. Nudeln abseihen, in den Topf zurückgeben, mit etwas Olivenöl beträufeln und mit dem Avocadopesto vermischen.

Zubereitung des Avocadopesto
Avocado halbieren, den Kern entfernen und das Fruchtfleisch mit einem Löffel herausschaben. Fruchtfleisch gleich mit Zitronensaft beträufeln, damit es nicht unansehnlich anläuft. Chilischote halbieren, entkernen und in feine Streifen schneiden. Basilikum und Petersilie grob hacken und die geschälten Knoblauchzehen fein schneiden. Alle Zutaten mit Olivenöl in der Küchenmaschine oder mit einem Stabmixer fein pürieren. Mit Salz und Pfeffer abschmecken.

Die Linguini in tiefen Tellern anrichten und mit Basilikum sowie gerösteten Pinienkernen garnieren.

*Tipp: Kärntner Käsnudeln isst man mit
grünem Salat oder Krautsalat!
Ich mag es auch, wenn die Käsnudeln mit
etwas knusprig frittiertem Kartoffelstroh
garniert sind.*

Zum Thema Minze:
*Minze ist ein Küchenkraut, das in der Europä-
ischen Küche eigentlich nicht allzu viel Verwendung findet. Ganz anders ist es bei den Kärntner
Käsnudeln. Hier spielt die braune Minze meiner
Meinung nach sogar die Hauptrolle. Sollten Sie
keine Kärntner Nudelminze bekommen, die sich
durch ihren sehr würzigen Geschmack und ihren
sehr geringen Mentholgehalt auszeichnet, lassen
Sie die Minze einfach weg. Alternativ können
Sie es mit Marokkanischer Minze versuchen.
Achten Sie jedoch darauf, dass der Geschmack
der Minze nicht zu stark vom Mentholaroma
dominiert wird.*

Kärntner Käsnudeln

Für den Nudelteig
250 g helles, glattes Weizenmehl
1 TL Salz
8 EL Sojadrink

Für die Füllung
400 g Kartoffeln
200 g Seidentofu
50 g vegane Butter
50 g Lauch
1 Knoblauchzehe
1 TL Zitronensaft
Salz und Pfeffer aus der Mühle
je ½ TL braune Minze,
Kerbel und Petersilie
etwas Majoran

Außerdem
3 EL geschnittener Schnittlauch
5 EL geschmolzene vegane Butter

Zubereitungszeit: 90 min

Zubereitung des Nudelteigs
Für den Teig alle Zutaten in einer Schüssel vermischen. Dann zu einem glatten, aber nicht zu festen Nudelteig kneten. Diesen zugedeckt mindestens 1 Stunde, besser über Nacht, ruhen lassen.

Zubereitung der Füllung
Für die Füllung den Seidentofu aus der Verpackung nehmen, in ein Sieb legen und gut abtropfen lassen. In der Zwischenzeit die Kartoffeln mit der Schale kochen, noch heiß schälen und zerstampfen. Vegane Butter in einer Pfanne schmelzen lassen. Fein geschnittenen Lauch und Knoblauch darin kurz anschwitzen. Seidentofu mit Küchenkrepp nochmals trocken tupfen. Zitronensaft hinzugeben und den Tofu mit einer Gabel zerdrücken. Kräuter fein hacken und mit Lauch und Seidentofu zu den Kartoffeln geben. Alles gut durchkneten und zu Kugeln formen.

Den Teig ca. 4 mm dick ausrollen und in regelmäßigen Abständen mit der zu Kugeln geformten Füllung belegen. Rundherum sollte ein ca. 3 cm breiter Rand zum Ausstechen sein. Mit einem Ausstecher oder einem Glas die Nudeln ausstechen. Die Teigränder mithilfe eines Pinsels ganz zart befeuchten. Den Teig über die Kartoffelkugel schlagen und andrücken. Nudeln in reichlich kochendes Salzwasser legen und ca. 10 Minuten ziehen lassen. Dann mit heißer veganer Butter übergießen und mit frischem Schnittlauch bestreuen.

Spargelpralinen auf grünem Spargel und Orangensauce

Für die Spargelpralinen
24 Wan-Tan-Blätter
250 g grüner Spargel
100 g Seidentofu
1 EL gehackte Minze
2 EL vegane Butter
2 EL gehackte Mandeln
1 EL Semmelbrösel
Salz und weißer Pfeffer
aus der Mühle

Für den Spargel
500 g kleiner grüner Spargel
½ Zitrone
1 TL Zucker
Salz

Für die Orangensauce
400 g Seidentofu
4 EL Rapsöl
1 Orange
Salz
Cayennepfeffer

Kresse zum Garnieren

Zubereitungszeit: 40 min

Zubereitung der Spargelpralinen

Grünen Spargel sehr klein schneiden. Vegane Butter in einer Pfanne schmelzen lassen und den Spargel darin weich dünsten. Seidentofu mit Minze, Mandeln und Semmelbröseln glatt rühren. Die gedünsteten Spargelstücke unter den Seidentofu mischen und ca. 10 Minuten ruhen lassen. Wan-Tan-Blätter auslegen und die Spargelmasse mit einem Teelöffel darauf verteilen. Die Teigränder leicht mit Wasser einpinseln, dann die Teigblätter einrollen und fest zusammendrücken. Spargelpralinen in reichlich kochendem Salzwasser einmal aufkochen und ca. 5 Minuten ziehen lassen. Anschließend aus dem Wasser heben und in etwas zerlassener veganer Butter schmelzen.

Zubereitung des Spargels

Enden der Spargelstangen abschneiden. In einem Topf Wasser mit Zitrone, Zucker und etwas Salz zum Kochen bringen. Den Spargel darin weich kochen, dann aus dem Wasser heben und abtropfen lassen.

Zubereitung der Orangensauce

Orange mit einem scharfen Messer schälen und filetieren. Seidentofu etws zerkleinern und in einem Topf leicht erwärmen. Orangenfilets dazugeben. Alles mit einem Stabmixer vermischen und dabei das Rapsöl in die Sauce einrühren. Mit Salz und Cayennepfeffer abschmecken.

Den Spargel auf Tellern anrichten. Die Spargelpralinen darauf verteilen und mit der Orangensauce nappieren. Mit etwas Kresse bestreuen.

*Weiße Polenta,
eine Delikatesse!*

*Sie ist frischer und
feiner im Geschmack
als gelbe Polenta
und sehr vielseitig
verwendbar, z.B.
auch großartig für
Nachspeisen geeignet.*

Weiße Polentaschnitten mit Avocadocreme und Lavendelblüten

Für die Polentaschnitten
900 ml Gemüsebrühe
300 ml Hafer Cuisine
300 g weiße Polenta
2 EL Olivenöl
Salz und weißer Pfeffer
aus der Mühle
½ TL Lavendelblüten

Für die Avocadocreme
2 reife Avocados
½ rote, fein gewürfelte Paprika
Saft einer Zitrone
1 kleine rote gewürfelte Zwiebel
2 fein gehackte Knoblauchzehen
gemahlener Kreuzkümmel
Salz und weißer Pfeffer
aus der Mühle

Lavendelblüten für die Garnitur

Zubereitungszeit: 45 min

Zubereitung der Polentaschnitten

Gemüsebrühe, Hafer Cuisine und Olivenöl in einem beschichteten Topf aufkochen lassen. Polenta vorsichtig einrühren und alles 10–15 Minuten unter ständigem Rühren auf kleiner Flamme köcheln lassen. Mit Salz und Pfeffer abschmecken und die Lavendelblüten unterrühren. Die Polentamasse auf ein leicht geöltes Blech geben, sodass sich eine Höhe von ca. 1–2 cm ergibt. Die Masse glatt streichen und mindestens 1 Stunde kalt stellen. Die Polenta mit einem Messer in Dreiecke schneiden und in etwas heißem Olivenöl von beiden Seiten knusprig braten.

Zubereitung der Avocadocreme

Avocados schälen, Kern entfernen und das Fruchtfleisch in einer Schüssel mit der Gabel so lange zerdrücken, bis sich eine cremige Konsistenz ergibt. Zwiebel, Paprika, Knoblauch und Kreuzkümmel hinzufügen, mit Zitronensaft, Salz und Pfeffer abschmecken und alles ca. 1 Stunde ruhen lassen.

Die gebratenen Polentascheiben auf Tellern anrichten, mit Avocadocreme, frischer Kresse und Lavendelblüten garnieren.

Quinoa-Spinat-Laibchen auf Paprikacreme

**Für die Quinoa-
Spinat-Laibchen**

70 g Quinoa
70 g rote Linsen
370 ml Wasser
100 g geriebene Walnüsse
200 g gekochte Kichererbsen
200 g blanchierter und
grob gehackter Spinat
200 g Semmelbrösel
80 g Schalotten
60 g Sojafrischkäse
Salz und Pfeffer
aus der Mühle
2 EL Olivenöl

Für die Paprikacreme

4 rote Paprika
1 Tomate
60 g Zwiebeln
1 Knoblauchzehe
200 ml Olivenöl
1 TL Zitronensaft
1 TL geriebener Ingwer
Salz und Pfeffer
aus der Mühle

100 g Eisbergsalatstreifen
1 geviertelte Zitrone
zum Anrichten

Zubereitungszeit: 60 min

Zubereitung der Laibchen

Quinoa und Linsen mit Wasser zum Kochen bringen und zudecken. Hitze reduzieren und ca. 25 Minuten köcheln lassen, bis die Linsen weich sind. Danach überschüssiges Wasser abgießen und die Quinoa-Linsen-Mischung abkühlen lassen. Schalotten fein hacken und in etwas Olivenöl kurz anschwitzen. Kichererbsen fein passieren und mit Walnüssen, Semmelbrösel, Sojafrischkäse, Spinat, Schalotten und der Quinoa-Linsen-Mischung in eine Schüssel geben. Mit Salz und Pfeffer würzen und kräftig durchkneten. Mit nassen Händen Laibchen formen und diese auf ein mit Backpapier belegtes Blech legen und mit Olivenöl bestreichen. Im vorgeheizten Ofen bei 180 °C ca. 20 Minuten backen.

Zubereitung der Paprikacreme

Paprika halbieren und Kerngehäuse sowie Scheidewände entfernen. Paprika auf ein gefettetes Backblech legen und im vorgeheizten Ofen bei 220 °C so lange backen, bis die Haut schwarz zu werden beginnt. Aus dem Ofen nehmen und unter einem nassen Tuch ca. 15 Minuten abkühlen lassen. Anschließend die Haut von den Paprikahälften abziehen. Zwiebeln und Knoblauch schälen und in feine Würfel schneiden. Die Tomate kreuzweise einritzen, den Strunk entfernen und die Tomate ca. 10 Sekunden in kochendes Wasser tauchen. Danach sofort in kaltem Wasser abschrecken und die Haut entfernen. Tomate halbieren, Kerne entfernen und ebenfalls in kleine Würfel schneiden. 2 EL Olivenöl in einer Pfanne erhitzen. Zwiebeln und Paprika anschwitzen, Tomatenwürfel dazugeben und kurz mitschwitzen. Paprikahälften mit Zwiebeln, Knoblauch, Ingwer, Tomaten und Olivenöl in einen Mixbecher geben und mit einem Stabmixer fein pürieren.
Mit Zitronensaft, Salz und Pfeffer abschmecken.

Paprikacreme auf Tellern anrichten, Eisbergsalat verteilen und die Quinoa-Spinat-Laibchen darauflegen. Mit Zitronenstücken servieren.

Bohnen-Karotten-Hummus
mit Fladenbrot

Für das Hummus
400 g gekochte weiße Bohnen
100 g geschälte und
gekochte Karotten
2 EL Tahin
3 EL Zitronensaft
3 geschälte Knoblauchzehen
½ Bund Basilikum
4 EL Olivenöl
100 ml Kochwasser von
den Karotten
etwas getrocknete und fein
zerriebene Chilischoten
1 TL gemahlener Kreuzkümmel
1 TL Salz
weißer Pfeffer aus der Mühle

Für das Fladenbrot
500 g helles, glattes Weizenmehl
20 g Hefe
250 ml lauwarmes Wasser
40 g Sojajoghurt
1 TL Salz
1 TL Zucker
2 EL Olivenöl für den Teig

Olivenöl zum Bestreichen
Schwarzkümmel oder Sesam
zum Bestreuen

Zubereitungszeit: 120 min

Zubereitung des Hummus
Alle Zutaten außer dem Karotten-Kochwasser im Mixer pürieren. Nach und nach das Wasser einlaufen lassen, bis die Bohnenmasse eine cremige Konsistenz hat. Mit Salz, Kreuzkümmel und Pfeffer abschmecken. Die Masse anschließend mindestens 1 Stunde kalt stellen.

Zubereitung des Fladenbrots
Hefe mit Wasser und Zucker verrühren und ca. 15 Minuten gehen lassen. Mehl mit Salz, Sojajoghurt, der Hefe-Wasser-Mischung und dem Olivenöl in der Küchenmaschine zu einem glatten Teig verarbeiten. Diesen zugedeckt ca. 40 Minuten gehen lassen und anschließend halbieren. Die Teile mit dem Nudelholz oval oder rund ausrollen. Fladenbrote auf ein mit Backpapier belegtes Blech legen und noch einmal ca. 20 Minuten ruhen lassen.
Dann mit Olivenöl bestreichen, mit Schwarzkümmel oder Sesam bestreuen und im vorgeheizten Ofen bei 220 °C ca. 20 Minuten backen.

Wurzelbrot

300 g Weizenmehl
200 g Roggenmehl
12 g Hefe
2 TL Salz
1 TL Gerstenmalz
300 ml lauwarmes Wasser
etwas Mehl für die Arbeitsfläche

Zubereitungszeit: 30 min

Hefe in Wasser auflösen und ca. 10 Minuten gehen lassen. Weizen- und Roggenmehl mit Salz mischen. Dann mit Gerstenmalz und der Wasser-Hefe-Mischung in der Küchenmaschine zu einem glatten Teig verarbeiten. Den Brotteig in eine gut verschließbare und große Plastikschüssel geben und mindestens 12 Stunden im Kühlschrank gehen lassen. Den Teig anschließend aus der Schüssel nehmen, auf eine gut bemehlte Arbeitsfläche legen und halbieren. Die Teiglinge in Rollen formen und mehrmals gegenläufig eindrehen. Auf diese Weise erhält das Brot sein ansprechendes, rustikales Aussehen. Das Wurzelbrot auf ein mit Backpapier belegtes Blech legen und zugedeckt ca. 30 Minuten ruhen lassen. Im vorgeheizten Backofen ca. 10 Minuten bei 250 °C anbacken, danach die Hitze auf 180 °C reduzieren und das Brot weitere 20 Minuten fertig backen.

Tipp: Um festzustellen, ob das Brot durchgebacken ist, heben Sie es kurz hoch und klopfen auf die Unterseite. Wenn sich das Brot hohl anhört, ist es fertig gebacken.

Gekräuterter Sojakäse mit Apfelchutney

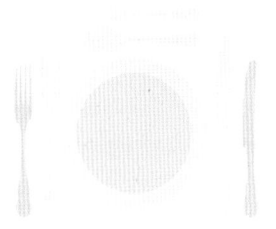

Für den Sojakäse
320 g fermentierter
geräucherter Sojakäse
5 EL entrindetes und
geriebenes Weißbrot
1 EL gehackte Petersilie
1 EL Rosmarin
1 EL grüne Pfefferkörner
4 EL Olivenöl
1 EL Zitronensaft
Rosmarinzweige zur Dekoration

Für das Apfelchutney
300 g säuerliche Äpfel
1 TL Kurkuma
1 TL Kreuzkümmel
1 TL Zimt
½ TL Fenchelsamen
½ Chilischote
4 EL Rohrzucker
Saft und abgeriebene
Schale einer Zitrone

Für die Salatgarnitur
100 g gemischte Blattsalate
50 g gehackte Walnüsse
40 ml Balsamicoessig
50 ml Walnussöl
30 ml Orangensaft
2 TL brauner Zucker
½ TL Dijon-Senf
Salz und weißer Pfeffer
aus der Mühle

Zubereitung des Sojakäses
Fermentierten Sojakäse in ca. 1 cm dicke Scheiben schneiden. Weißbrotbrösel, Petersilie, Rosmarin und Pfefferkörner mischen. Sojakäsescheiben in den Bröseln wenden und kräftig andrücken. Olivenöl in einer Pfanne stark erhitzen und die Käsescheiben darin auf beiden Seiten scharf anbraten. Auf Küchenkrepp kurz abtropfen lassen und mit einigen Spritzern Zitronensaft beträufeln.

Zubereitung des Apfelchutneys
Für das Apfelchutney die Äpfel schälen, Gehäuse ausstechen und die Äpfel in kleine Würfel schneiden. Die Würfel mit Gewürzen, Rohrzucker, Zitronensaft und 5–6 EL Wasser 10–15 Minuten einköcheln lassen. Die Apfelstückchen sollten noch bissfest sein.

Zubereitung der Salatgarnitur
Walnüsse ohne Zugabe von Fett in einer Pfanne anrösten. Balsamicoessig mit Orangensaft, Salz, Pfeffer, Zucker und Dijon-Senf glatt rühren. Walnussöl mit einem Schneebesen kräftig unterrühren und die gerösteten Walnüsse dazugeben.

Den gebratenen Sojakäse mit dem Apfelchutney auf Tellern anrichten und mit Rosmarinzweigen garnieren. Blattsalate ebenfalls auf den Tellern anrichten und mit etwas Walnussmarinade beträufeln.

Zubereitungszeit: 30 min

Vielleicht fragen Sie sich, warum Sie in einem Kochbuch Rezepte für Säfte finden. Erstens macht es Spaß, Säfte selbst herzustellen. Zweitens werden manche Säfte und Süßgetränke mit Gelatine geklärt.

Füllen Sie Ihre Säfte in 500 ml-Flaschen, und lagern Sie sie nach dem Öffnen im Kühlschrank.

Wussten Sie schon … Ein Etamin ist ein Passiertuch. Ersatzweise kann man auch einen Kaffeefilter verwenden, der aber von guter Qualität sein sollte, weil er sonst leicht einreißen kann.

Selbst gemachte Säfte

Holunder-Rosmarin-Sirup
15 Holunderblüten
2 l Wasser
2 kg Zucker
2 Rosmarinzweige
2 Limetten
60 g Zitronensäure

Zubereitungszeit: 35 min

Zubereitung des Holunder-Rosmarin-Sirups
Holunderblüten von den Stielen befreien. Wasser mit Zucker und Zitronensäure aufkochen. Zucker auflösen lassen. Den Zuckersirup abkühlen lassen, dann die Holunderblüten dazugeben. Alles abdecken und 24 Stunden ziehen lassen. Die Flaschen säubern und trocknen lassen. Den Sirup durch ein feines Sieb in einen Topf seihen und noch einmal aufkochen lassen. In jede Flasche einen Zweig Rosmarin und einige Limettenscheiben geben und den heißen Holundersirup abfüllen. Die Flaschen verschließen und mindestens 1 Tag ziehen lassen.

3–4 EL des Sirups auf 1 Glas kaltes Mineralwasser sind ein idealer Durstlöscher.

Erdbeersaft
1 kg frische Erdbeeren
2 l Wasser
2 EL Zitronensaft
1,7 kg Zucker
1 TL Vanillepulver

Zubereitungszeit: 20 min

Zubereitung des Erdbeersafts
Wasser mit Zucker in einem Topf erhitzen und um ein Drittel einreduzieren. Erdbeeren putzen und vorsichtig waschen. Vanillepulver, Zitronensaft und Erdbeeren in den Sirup geben und ca. 5 Minuten kochen lassen. Dann mit einem Stabmixer pürieren, noch heiß abfüllen und sofort verschließen. Flaschen kühl, trocken und lichtgeschützt lagern.

Brombeersaft
2 kg Brombeeren
500 ml Wasser
400 ml brauner Zucker
2 EL Zitronensaft

Zubereitungszeit: 45 min

Zubereitung des Brombeersafts
Brombeeren waschen und in Wasser so lange kochen, bis sie sehr weich sind. Danach durch ein Etamin seihen und den Saft auffangen. Den Zucker in den Brombeersaft einrühren und alles noch einmal aufkochen lassen. Zitronensaft dazugeben und in Flaschen abfüllen. Kühl, trocken und lichtgeschützt lagern.

Hauptspeisen

Weizenschnitzel »Wiener Art«
mit Kartoffel-Feldsalat

Für die Weizenschnitzel
4 Weizenschnitzel à 120 g
200 ml Sojadrink
5 EL helles, glattes Weizenmehl
8 EL Semmelbrösel
1 TL Apfelessig
½ TL Ras el-Hanout
Salz und Pfeffer aus der Mühle
Öl zum Ausbacken

Für den Salat
500 g festkochende Kartoffeln
100 g Feldsalat
80 g Schalotten
200 ml heiße Gemüsebrühe
5 EL Apfelessig
8 EL Kürbiskernöl
1 TL Estragonsenf
Salz und Pfeffer aus der Mühle
1 Prise Zucker

Außerdem
4 Petersilienzweige
1 Zitrone

Zubereitungszeit: 45 min

Zubereitung der Schnitzel

Sojadrink mit Apfelessig verrühren und ca. 15 Minuten eindicken lassen. Die Weizenschnitzel aus der Verpackung nehmen und mit Küchenkrepp trocken tupfen. Mit Salz, etwas Ras el-Hanout und Pfeffer würzen. Weizenschnitzel in Mehl wenden, durch den Sojadrink ziehen und beidseitig mit Semmelbröseln panieren. Pflanzenöl in einer Pfanne ca. 1 cm hoch einfüllen und erhitzen. Die Schnitzel darin von beiden Seiten goldbraun backen, danach auf Küchenkrepp abtropfen lassen. Anschließend die Petersilie in heißem Fett ca. 10 Sekunden ausbacken. Achtung Spritzgefahr!

Zubereitung des Salats

Kartoffeln mit der Schale weich kochen, noch heiß schälen und in ca. 3–4 mm dicke Scheiben schneiden. Schalotten schälen und fein würfeln. Kartoffeln mit Schalotten, Gemüsebrühe, Apfelessig, Kürbiskernöl, Zucker und Senf marinieren und ca. 30 Minuten ziehen lassen. Den Kartoffelsalat mit Salz und Pfeffer abschmecken und kurz vor dem Servieren mit dem Feldsalat mischen.

Die gebackenen Weizenschnitzel mit dem Kartoffel-Feldsalat und der gebackenen Petersilie anrichten. Mit einer Zitronenspalte servieren. Dazu passt auch hervorragend Preiselbeermarmelade!

Tipp: Die Kartoffel-Thymian-Buchteln eignen sich hervorragend zum Füllen. Eine einfache Variante ist: Pilze der Saison klein hacken und mit gehackten Schalotten sowie etwas Knoblauch in Olivenöl anbraten. Mit Salz und Pfeffer aus der Mühle abschmecken und mit reichlich gehackter Petersilie verfeinern.

Kartoffel-Thymian-Buchteln
mit Paprikakraut

Für die Buchteln
250 g Weizenvollkornmehl
250 g mehlige Kartoffeln
20 g Hefe
125 ml Haferdrink
25 g flüssige vegane Butter
3 EL gehackter Thymian
1 Prise Zucker
Salz
1 Prise Muskatnuss

Für das Paprikakraut
700 g Weißkohl
60 g Zwiebeln
2 Knoblauchzehen
2 EL vegane Butter
100 ml Gemüsebrühe
200 ml Hafer Cuisine
1 EL edelsüßes Paprikapulver
1 EL Tomatenmark
1 EL Apfelessig
1 TL Kümmel
1 EL Zucker
2 Lorbeerblätter
Salz und weißer Pfeffer
aus der Mühle

Zubereitungszeit: 95 min

Zubereitung der Buchteln
Kartoffeln schälen, grob würfeln und in reichlich Salzwasser weich kochen. Abgießen, ca. 5 Minuten ausdampfen lassen und noch heiß passieren. Hefe und Zucker in lauwarmem Haferdrink auflösen und ca. 15 Minuten gehen lassen. Passierte Kartoffeln mit Mehl, Hefemilch, Thymian, Salz und Muskatnuss in der Küchenmaschine rasch zu einem glatten Teig verarbeiten. Den zugedeckten Teig ca. 30 Minuten an einem warmen Ort gehen lassen. Danach den Kartoffelteig zu Kugeln formen und diese in geschmolzene vegane Butter tauchen. Die Buchteln dicht an dicht in eine Backform setzen und zugedeckt weitere 10 Minuten gehen lassen. Im vorgeheizten Ofen bei 180 °C ca. 30 Minuten goldbraun backen.

Zubereitung des Paprikakrauts
Weißkohl fein hobeln und einsalzen. Zwiebeln in feine Streifen schneiden und Knoblauch fein hacken. Vegane Butter in einem Topf erhitzen. Zwiebeln und Knoblauch darin glasig anschwitzen. Weißkohl und Zucker dazugeben und kurz mitrösten. Mit Paprikapulver stauben, kurz mitschwitzen und mit Apfelessig ablöschen. Mit Gemüsebrühe und Hafer Cuisine auffüllen und anschließend Tomatenmark, Lorbeerblätter und Kümmel unterrühren. Auf kleiner Flamme ca. 30 Minuten köcheln lassen und mit Salz und Pfeffer abschmecken. Eventuell mit etwas Maisstärke binden.

Spinatspätzle mit Röstzwiebeln

Für die Spätzle
450 g helles, glattes Weizenmehl
60 g Sojamehl
150 g gekochter und
fein passierter Spinat
100 ml Sojadrink
Salz und weißer Pfeffer
aus der Mühle
1 Prise Muskatnuss

Für die Sauce
250 g Blattspinat
60 g Schalotten
40 g getrocknete und fein
gewürfelte Tomaten in Öl
200 ml Gemüsebrühe
250 ml Hafer Cuisine
1 fein gehackte Chilischote
2 fein gehackte Knoblauchzehen
3 EL vegane Butter
2 EL helles, glattes Weizenmehl
1 Prise Muskatnuss
Salz und Pfeffer aus der Mühle

Für die Röstzwiebeln
250 g Zwiebeln
5 EL helles, glattes Weizenmehl
1 TL edelsüßes Paprikapulver
Öl zum Ausbacken

Zubereitungszeit: 30 min

Zubereitung der Spinatspätzle
Mehl, Sojamehl, Spinat, Sojadrink mit Salz, Pfeffer und Muskatnuss würzen und zu einem glatten Teig verarbeiten. Den Teig mit einem Spätzlehobel in kochendes Salzwasser reiben. Sie können den Teig auch mithilfe eines Teigschabers vom Brett schaben. Die Spätzle einmal aufkochen lassen und anschließend abgießen.

Zubereitung der Sauce
Spinat in Salzwasser blanchieren, abgießen und kalt abschrecken. Vegane Butter erhitzen und Schalotten, Knoblauch, Chili und getrocknete Tomaten darin anlaufen lassen. Mit dem Mehl stauben und ganz kurz mitschwitzen lassen. Mit Gemüsebrühe ablöschen und mit Hafer Cuisine auffüllen. Die Sauce ca. 10 Minuten köcheln lassen. Dann den blanchierten Blattspinat unterheben und mit Salz, Pfeffer und Muskatnuss abschmecken.

Zubereitung der Röstzwiebeln
Zwiebeln schälen und in feine Ringe schneiden. Zwiebelringe mit Mehl und Paprikapulver vermischen. Überschüssiges Mehl von den Zwiebeln abschütteln. In reichlich heißem Öl unter ständigem Rühren goldbraun herausbacken. Röstzwiebeln mit einem Schaumlöffel aus dem Öl nehmen und auf Küchenkrepp abtropfen lassen.

Die Spätzle unter die Sauce mischen. Dann auf Tellern anrichten und mit den Röstzwiebeln garnieren.

*Tipp: Geben Sie nie
den kompletten Soja
drink auf einmal a
die Semmelmasse.*

*Von den Brötchen
hängt es ab, wie vie
Feuchtigkeit die Ma
se benötigt. Kochen
Sie zuerst immer
einen Probeknödel.
Zerfällt dieser, gebe
Sie noch etwas Mel
zur Semmelmasse.
Garen Sie die Knö
in einem Siebeinsat
über Wasserdampf
oder im Dampfgare
Auf diese Weise kön
nen die Knödel nicl
zerfallen.*

Rahmwirsing mit Steinpilzknödel

gut
Kohl unbedingt frisch machen

Für den Rahmwirsing

800 g Wirsing
200 g Zwiebeln
250 g Tomaten-Concassée
(Eine Anleitung für die Zubereitung finden Sie auf S. 171.)
150 g rote, fein gewürfelte Paprika
30 g vegane Butter *Öl*
30 g helles, glattes Weizenmehl
250 ml Hafer Cuisine *oder Sojacuisine*
150 ml Gemüsebrühe
2 TL Kümmel
1 TL Rohrzucker
1 TL Balsamicoessig
Salz und Pfeffer aus der Mühle

Für die Knödel

200 g Steinpilze
500 g trockene Brötchen
120 g fein gehackte Zwiebeln
100 g vegane Butter
4 EL gehackte Petersilie
2 EL Sojamehl
2 EL helles, glattes Weizenmehl
430 ml Sojadrink
2 EL Olivenöl
1 Prise Muskatnuss
Salz und Pfeffer aus der Mühle

Für die Garnitur

Alfalfasprossen, Karottenstreifen und Lauchstreifen

Zubereitungszeit: 50 min

Zubereitung des Rahmwirsings

Die äußersten Wirsingblätter entfernen und den Strunk herausschneiden. Wirsingblätter in ca. 1 cm breite Streifen schneiden. Den Wirsing in kochendem Salzwasser ca. 5 Minuten überbrühen, abgießen und mit kaltem Wasser abschrecken. Gut abtropfen. Zwiebeln halbieren und in feine Streifen schneiden. Vegane Butter in einer geräumigen Pfanne oder in einem Topf schmelzen. Zwiebelstreifen ca. 3 Minuten anschwitzen und mit Mehl stauben. Mit Gemüsebrühe auffüllen und unter ständigem Rühren mit einem Schneebesen aufkochen. Alles ca. 5 Minuten auf kleiner Flamme köcheln lassen. Paprikawürfel hinzugeben und kurz aufkochen. Wirsing, Tomaten-Concassée, Zucker und Kümmel dazugeben. Mit Hafer Cuisine verfeinern und kurz köcheln lassen. Mit Balsamico, Salz und Pfeffer abschmecken.

Zubereitung der Knödel

Steinpilze in 1 cm große Würfel schneiden. Olivenöl in einer Pfanne erhitzen und Steinpilzwürfel kurz und scharf anbraten. Mit Salz und Pfeffer abschmecken. Brötchen in 1 cm große Würfel schneiden. Zwiebeln hell anrösten und Petersilie einrühren. Anschließend mit Brötchenwürfeln und angebratenen Steinpilzen vermischen. Sojamehl, Mehl, Salz, Pfeffer und Muskatnuss unter die Masse mischen. Vegane Butter in einem kleinen Topf schmelzen lassen, den Sojadrink darin erwärmen und über die Semmelmasse gießen. Alles gut vermischen und ca. 10 Minuten quellen lassen. Mit nassen Händen Knödel formen. In reichlich siedendes Salzwasser einlegen und ca. 12 Minuten bei schwach wallendem Wasser köcheln.

Die Karottenstreifen kurz in Salzwasser blanchieren. Die Knödel aus dem Wasser heben und abtropfen lassen. Den Rahmwirsing in tiefen Tellern anrichten. Karottenstreifen zu einem Nest formen und die Semmelknödel in die Mitte geben. Alles mit Lauchstreifen und Sprossen garnieren.

Dieses Rezept entstand während der Fotoaufnahmen zu diesem Buch. Wir haben herumgealbert und irgendwann stand die Frage im Raum, was ich esse, wenn ich einmal allein zu Hause auf der Couch sitze und fernsehe. Dieser Burger kam spontan dabei heraus. Ich muss sagen, ich sitze zwar selten vor dem Fernseher, aber den Burger gönne ich mir jetzt regelmäßig.

Roland allein zu Hause

Für das Burgerbrot
250 g helles, glattes Weizenmehl
(am besten Farina Typ 00)
120 ml lauwarmes Wasser
12 g Hefe
½ TL Gerstenmalz
3 EL Olivenöl
1 Prise Salz

Für die Bohnenlaibchen
300 g schwarze Bohnen
80 g Zwiebeln
130 g Kichererbsenmehl
3 EL Hefeflocken
2 EL Haferflocken
½ Bund fein gehackte Petersilie
½ TL Kreuzkümmel
Salz und Pfeffer aus der Mühle
4 EL Rapsöl

Zubereitungszeit: 60 min

Zubereitung des Burgerbrots

Hefe mit Gerstenmalz in lauwarmem Wasser auflösen. Mehl mit Salz in eine Schüssel sieben und in der Küchenmaschine mit der Flüssigkeit zu einem glatten Teig verarbeiten. Den Teig auf einer bemehlten Arbeitsfläche glatt schleifen. Dann wieder in die Schüssel zurücklegen, mit einem Geschirrtuch abdecken und ca. 30 Minuten gehen lassen. Den Teig aus der Schüssel nehmen und auf einer bemehlten Arbeitsfläche durchkneten, vierteln und die Teigteile zu Kugeln schleifen. Die Brötchen auf ein mit Backpapier belegtes Blech legen, zudecken und weitere 20 Minuten gehen lassen. Dann mit Olivenöl bestreichen und im vorgeheizten Ofen bei 180°C ca. 20 Minuten backen. Auf einem Kuchengitter auskühlen lassen.

Zubereitung der Bohnenlaibchen

Bohnen mindestens 12 Stunden einweichen lassen. Abseihen und mit leicht gesalzenem Wasser in einem Topf aufkochen, ca. 1½ Stunden weich kochen und dann abseihen. Danach mit einem Stabmixer pürieren. Zwiebeln in 1 EL Rapsöl goldbraun anbraten, mit Hefe- und Haferflocken, Kichererbsenmehl und Gewürzen sowie Kräutern unter die pürierten Bohnen mischen und gut durchkneten. Mit Salz und Pfeffer würzen. Mit nassen Händen Laibchen formen und diese in einer Pfanne mit erhitztem Öl auf beiden Seiten ca. 4–5 Minuten braten.

Roland
allein zu Hause

Burger, Bohnenlaibchen, Pommes und Zwiebelringe

Roland allein zu Hause – Teil 2

Für die Ofen-Pommes
600 g festkochende Kartoffeln
6 EL Olivenöl
1 TL Currypulver
Salz und Pfeffer aus der Mühle

Für die Zwiebelringe
2 große Zwiebeln
200 ml Sojadrink
1 EL Apfelessig
100 g helles, glattes Weizenmehl
100 g Maismehl
100 g Weißbrotbrösel
2 EL gehackte Petersilie
Salz
1 Prise Cayennepfeffer
Pflanzenöl zum Ausbacken

Außerdem
Zwiebelringe, Tomatenscheiben,
Salatstreifen und Salatgurken-
scheiben zum Belegen des Burgers

Für die Burgersauce
6 EL vegane Mayonnaise mit
3 EL Ketchup verrühren und mit
etwas Salz und Cayennepfeffer
abschmecken.

Ein Rezept für vegane Mayonnaise
und Ketchup finden Sie auf
S. 229/230.

Zubereitung der Pommes
Kartoffeln schälen und in ca. 2 cm dicke Stäbchen
schneiden. Diese in einer Schüssel mit Olivenöl, Currypulver, Salz und Pfeffer würzen und gut durchmischen.
Die Kartoffelstäbchen auf ein Backblech geben und im
vorgeheizten Ofen bei 200 °C 15–20 Minuten backen.

Zubereitung der gebackenen Zwiebelringe
Sojadrink mit Apfelessig verrühren, mit Salz und Ca-
yennepfeffer würzen und ca. 15 Minuten ruhen lassen.
Zwiebeln schälen und in 1 cm breite Ringe schneiden.
Zwiebelringe vorsichtig mit Mehl mischen und über-
schüssiges Mehl abklopfen. In einer Schüssel Mais-
mehl, Weißbrotbrösel und Petersilie mischen. Bemehl-
te Zwiebelringe vorsichtig mit einer Gabel durch den
Sojadrink ziehen und anschließend in der Mehl-Brösel-
Mischung wenden. In heißem Pflanzenöl schwimmend
ausbacken, bis die Zwiebelringe eine schöne goldgelbe
Farbe haben. Dann auf Küchenkrepp abtropfen lassen.

Die Burgerbrötchen aufschneiden und die Bohnenlaibchen drauflegen. Mit Salatstreifen, Zwiebelringen,
Tomaten- und Gurkenscheiben belegen, etwas Sauce
auf dem Burger verteilen und den Deckel wieder da-
raufsetzen. Mit Pommes und Zwiebelringen servieren.

Sojaroulade mit jungen Karotten und Bohnencreme

Für die Sojarouladen
4 Sojasteaks à 120 g
1 l Gemüsebrühe
2 EL Sojasauce
Weizenmehl

Für die Füllung
12 getrocknete Tomaten
100 g blanchierter Spinat
100 g Karottenstreifen
50 g Zwiebelstreifen
1 fein gehackte Knoblauchzehe
Dijon-Senf
Salz und Pfeffer aus der Mühle

Für die Sauce
100 g Zwiebelwürfel
60 g Karottenwürfel
40 g Selleriewürfel
30 g Lauchstreifen
2 gehackte Knoblauchzehen
2 EL Tomatenmark
2 EL helles, glattes Weizenmehl
3 Lorbeerblätter
6 Wacholderbeeren
800 ml Gemüsebrühe
3 EL Olivenöl

Zubereitungszeit: 95 min

Zubereitung der Rouladen
Sojasteaks in Gemüsebrühe und Sojasauce ca. 5 Minuten kochen, dann 1 weitere Stunde in der heißen Brühe quellen lassen. Steaks danach abgießen, sehr gut ausdrücken, in Gefrierbeutel geben und leicht plattieren. Den blanchierten Spinat mit Salz, Pfeffer und dem gehackten Knoblauch abschmecken. Sojasteaks mit Dijon-Senf bestreichen und mit getrockneten Tomaten, Spinat, Karotten- und Zwiebelstreifen belegen. Dann einrollen und mit Küchengarn zu einer Roulade binden. Etwas Mehl auf einen Teller geben und die Rouladen darin wälzen. Olivenöl in einem Topf erhitzen. Die Rouladen darin von allen Seiten anbraten und anschließend aus dem Topf heben. Wurzelgemüse für die Sauce in den Topf geben und im Olivenöl braun anrösten. Lauchstreifen und Knoblauch dazugeben und kurz mitrösten. Mit Mehl stauben und kurz mitrösten. Mit Gemüsebrühe ablöschen, dann das Tomatenmark in die Sauce einrühren. Die Gewürze dazugeben, alles aufkochen lassen und die Rouladen hineinlegen. Die Rouladen im geschlossenen Topf auf kleiner Flamme ca. 25 Minuten köcheln lassen. Dann die Rouladen, die Wacholderbeeren und und die Lorbeerblätter herausheben und die Sauce mit einem Stabmixer pürieren.

Wussten Sie schon …

Wussten Sie schon …
Plattieren ist ein gastronomischer Fachbegriff,
der den Vorgang des Flachklopfens bezeichnet.
Man nutzt dabei einen flachen und schweren
Gegenstand, ein Plattiereisen, einen Schnitzel-
klopfer oder auch eine Pfanne.

Sojaroulade mit jungen Karotten und Bohnencreme – Teil 2

Für die Bohnencreme
300 g gekochte weiße Bohnen
1 fein gewürfelte Zwiebel
2 fein gewürfelte Knoblauchzehen
100 ml Hafer Cuisine
2 EL vegane Butter
1 EL weißer Balsamicoessig
1 TL gehackter Thymian
½ TL Kreuzkümmel
½ TL frisch geriebenen Ingwer
Salz und weißer Pfeffer
aus der Mühle

Für das Karottengemüse
400 g junge Karotten
3 EL vegane Butter
1 TL Zucker
Meersalz

4 Thymianzweige zum Garnieren

Zubereitung der Bohnencreme

Vegane Butter in einem Topf erhitzen. Zwiebeln, Ingwer, Kreuzkümmel und Knoblauch darin anlaufen lassen und weiße Bohnen dazugeben. Mit Hafer Cuisine auffüllen, aufkochen lassen und alles mit einem Stabmixer fein pürieren. Ein cremiges Püree sollte entstehen. Eventuell noch etwas mehr Hafer Cuisine verwenden. Mit Thymian würzen und mit Salz, Pfeffer und Balsamicoessig abschmecken.

Zubereitung des Karottengemüses

Karotten schälen und das Grün abschneiden. Karotten in Salzwasser bissfest kochen. Vegane Butter schmelzen lassen. Zucker auflösen und die heißen Karotten darin schwenken. Mit etwas Meersalz würzen.

Die Rouladen zum Anrichten in der Mitte etwas schräg halbieren. Die Bohnencreme und die Karotten auf vorgewärmten Tellern anrichten. Die Roulade versetzt am Teller anrichten, mit der Sauce nappieren und mit einem Thymianzweig garnieren.

Sauerkrautauflauf mit karamellisierten Pekannüssen

Für den Sauerkrautauflauf

500 g Sauerkraut
100 ml Gemüsebrühe
50 g geschälte und fein
geriebene Kartoffel
100 g Zwiebeln
1 entkernte und fein
gehackte Chilischote
1 EL geriebener Ingwer
50 g vegane Butter
500 g mehlige, geschälte und
gewürfelte Kartoffeln
125 ml Sojadrink
Salz und Pfeffer aus der Mühle
½ TL gemahlener Kümmel
2 Lorbeerblätter
1 Prise Muskatnuss

zerlassene vegane Butter
zum Ausstreichen der Form
einige Butterflocken
zum Belegen

Für die Pekannüsse

200 g Pekannüsse
200 g brauner Zucker

Zubereitungszeit: 75 min

Kartoffeln in Salzwasser weich kochen, abseihen und ca. 5 Minuten ausdampfen lassen. Durch die Kartoffelpresse drücken. Kartoffelmasse mit heißem Sojadrink und 20 g veganer Butter zu Püree verarbeiten. Mit Salz, Pfeffer und Muskatnuss abschmecken. Zwiebeln schälen und in feine Streifen schneiden. 30 g vegane Butter in einer Pfanne erhitzen und Zwiebeln darin farblos anschwitzen. Gehackte Chilischote, Ingwer, Lorbeerblätter und Kümmel dazugeben und kurz mitrösten. Sauerkraut hinzugeben und alles mit Gemüsebrühe auffüllen. Geriebene Kartoffel zur Bindung hinzufügen und das Sauerkraut ca. 20 Minuten dünsten lassen.

Eine Auflaufform mit flüssiger veganer Butter ausstreichen und eine Schicht Kartoffelmasse einstreichen. Sauerkraut darauf verteilen und die restliche Kartoffelmasse darübergeben. Mit Butterflocken belegen und im vorgeheizten Ofen bei 220 °C ca. 15 Minuten backen.

Zucker in einem Topf mit einigen Esslöffeln Wasser schmelzen und karamellisieren lassen. Die Pekannüsse unter den Karamell rühren und nach dem Backen auf dem Auflauf verteilen.

Wussten Sie schon …

Royal ist der französische Begriff für Eierstich. In der veganen Küche eignet sich Seidentofu hervorragend als Ersatz für Eier.

Steinpilz-Spinat-Quiche

Für den Mürbeteig
300 g helles, glattes Weizenmehl
4 EL Sojadrink
210 g vegane Butter
½ TL Salz
flüssige vegane Butter zum
Auspinseln der Form

Für die Füllung
200 g Steinpilze
100 g Kirschtomaten
250 g Spinat
60 g Schalotten
1 Knoblauchzehe
1 TL Rosmarin
2 EL Olivenöl
1 Prise Muskatnuss
Salz und Pfeffer aus der Mühle

Für die vegane Royal
350 g Seidentofu
120 ml Sojadrink
2 EL Hefeflocken
1 EL Speisestärke
1 TL Salz
1 TL Tahin
½ TL Kurkuma

Zubereitungszeit: 50 min

Zubereitung des Mürbeteigs

Mehl mit Salz auf eine Arbeitsfläche sieben. In die Mitte des Mehls eine Mulde formen. In diese den Sojadrink hineingeben und den Teig mit den Fingern anrühren. Die Butter in kleinen Stücken auf dem Mehl verteilen und alles rasch zu einem glatten Teig verarbeiten. Den Teig in Klarsichtfolie einschlagen, kurz ruhen lassen und dann im Kühlschrank 1 weitere Stunde ruhen lassen.

Zubereitung der Füllung

Blattspinat in Salzwasser blanchieren, abgießen und kalt abschrecken. Spinat grob hacken. Steinpilze putzen und in feine Scheiben schneiden. Schalotten schälen und in feine Streifen schneiden. Knoblauch fein hacken. Olivenöl in einer Pfanne erhitzen und die Steinpilze darin anbraten. Schalotten, Knoblauch und Rosmarin dazugeben und kurz mitrösten. Spinat unterrühren und mit Salz, Pfeffer und Muskatnuss abschmecken.

Für die vegane Royal Seidentofu mit den restlichen Zutaten im Mixer zu einer glatten Masse verarbeiten. Den Teig aus dem Kühlschrank nehmen und auf einer bemehlten Arbeitsfläche ca. 5 mm dick ausrollen. Quiche- oder Auflaufform mit flüssiger veganer Butter auspinseln. Den Teig vorsichtig in die Form legen und zart andrücken. Die Füllung auf den Teig geben, die Royal und die in Scheiben geschnittenen Kirschtomaten darauf verteilen. Die Quiche im vorgeheizten Ofen bei 180 °C 35–40 Minuten backen.

Zum Anrichten die Quiche portionieren und auf Teller legen. Mit frisch gehackter Petersilie bestreuen. Dazu passt hervorragend ein schöner Krautsalat oder ein Feldsalat mit Walnüssen.

Seitan »Stroganoff« mit Shiitakepilzen und Kartoffelgratin

Für das »Stroganoff«
500 g Seitan
200 g Shiitakepilze
80 g Zwiebeln
100 g Essiggurken
200 ml Gemüsebrühe
150 ml Hafer Cuisine
1 EL helles, glattes Weizenmehl
5 EL Öl
1 EL edelsüßes Paprikapulver
1 TL Zitronensaft
Salz und Pfeffer aus der Mühle

Für das Kartoffelgratin
500 g Kartoffeln
250 ml Hafer Cuisine
2 fein gehackte Knoblauchzehen
Muskatnuss
Salz und weißer Pfeffer
aus der Mühle

Zubereitungszeit: 40 min

Zubereitung des »Stroganoff«

Seitan in ca. 5 mm dicke Streifen schneiden. Zwiebeln fein hacken und Shiitakepilze je nach Größe halbieren oder ganz lassen. Essiggurken in feine Streifen schneiden. Öl in einer Bratpfanne stark erhitzen und das Seitan darin von allen Seiten scharf anbraten und dann aus der Pfanne heben. Zwiebeln im übrigen Fett in der Pfanne anschwitzen, Shiitakepilze dazugeben und kurz mitrösten. Mit Salz und Pfeffer würzen, mit Mehl stauben und kurz mitrösten. Paprikapulver unterrühren und alles mit Gemüsebrühe und Hafer Cuisine auffüllen. Das Ganze aufkochen lassen und Seitan sowie Essiggurken zur Sauce geben. Die Sauce mit Salz, Pfeffer und Zitronensaft abschmecken.

Zubereitung des Kartoffelgratins

Kartoffeln schälen und in ca. 2 mm starke Scheiben schneiden. Hafer Cuisine aufkochen, Kartoffelscheiben dazugeben und mit Salz, Pfeffer, Muskatnuss und Knoblauch würzen. Die Kartoffeln unter Rühren bissfest kochen. Eine Auflaufform mit veganer Butter ausstreichen und die Kartoffelgratin-Masse einfüllen. Im vorgeheizten Ofen bei 250 °C 10–15 Minuten backen.

Soja-Reis-Pfanne »Ungarische Art«

100 g Sojaschnetzel
2 l Gemüsebrühe
200 g Langkornreis
100 g gekochte, kleine
schwarze Bohnen
90 g Zwiebeln
100 g rote, gewürfelte Paprika
4 EL Rapsöl
25 g edelsüßes Paprikapulver
1 TL Apfelessig
50 ml Sojasahne
Salz und weißer Pfeffer
aus der Mühle
2 fein gehackte Knoblauchzehen
½ TL Majoran
½ TL Thymian
2 Lorbeerblätter

Zubereitungszeit: 45 min

Sojaschnetzel in 1,5 l Gemüsebrühe ca. 5 Minuten kochen, dann abtropfen lassen. Rapsöl erhitzen, die Schnetzel rundherum anbraten und dann aus dem Topf heben. Zwiebeln und Knoblauch im verbleibenden Fett anrösten, Paprikapulver dazugeben und kurz mitrösten. Mit Apfelessig ablöschen und mit restlicher Gemüsebrühe auffüllen. Reis, Lorbeerblätter und Sojaschnetzel dazugeben. Das Ganze einmal aufkochen und zugedeckt ca. 20 Minuten dünsten lassen. Mit Majoran und Thymian würzen. Paprikawürfel, schwarze Bohnen und Sojasahne unterrühren und weitere 5 Minuten dünsten lassen. Mit Salz und Pfeffer abschmecken.

Mit einer nassen Suppenkelle Kugeln formen und diese in tiefen Tellern anrichten. Mit frischer Kresse bestreuen. Zu der Reispfanne passen hervorragend marinierte Blattsalate.

Tipp: Die Mengenangabe zu den Kräutern, z. B.: ½ TL Majoran, sollte man immer als Richtwert verstehen. Die Würzkraft der Kräuter variiert stark, z. B. ob Sie frische oder getrocknete Kräuter verwenden. Natürlich wirken sich die Dauer, die Art der Lagerung und die Ursprungsqualität der Kräuter auf deren Geschmack und Intensität aus. Auch die Dauer, in der Kräuter im Essen mitkochen, bestimmt die Entfaltung der Aromen entscheidend. Wenn Sie z. B. Majoran in ein Gericht geben und es sofort probieren, wird es anders schmecken als nach 5 oder 10 Minuten Garzeit.
Ein weiterer wichtiger Punkt ist der eigene Geschmack. Stellen Sie sich vor, jedes Gericht würde überall gleich schmecken. Was würde uns dann an Geschmackserlebnissen verloren gehen. Also würzen Sie Ihren Vorlieben entsprechend.

Thai-Bohnen in Sesam-Nuss-Sauce mit Buchweizennudeln

600 g lange Thai-Bohnen
300 ml Gemüsebrühe
100 g gerösteter Sesam
100 g grob gehackte Haselnüsse
1 fein zerstoßene Chilischote
3 fein gewürfelte Schalotten
4 EL helle Sojasauce
1 TL Currypulver
1 TL frisch geriebener Ingwer
1 EL Agavendicksaft
1 TL Reisweinessig
2 EL Maisstärke
5 EL Sesamöl
600 g Buchweizennudeln
Salz
Radieschensprossen zum Garnieren

Zubereitungszeit: 30 min

Thai-Bohnen putzen, in reichlich Salzwasser weich kochen und anschließend in kaltem Wasser abschrecken. 4 EL Sesamöl in einer Pfanne erhitzen und Schalotten darin anrösten. Ingwer, Chili und Currypulver kurz mitrösten und mit Sojasauce ablöschen. Mit Gemüsebrühe auffüllen, dann Reisweinessig und Agavendicksaft dazugeben. Maisstärke mit etwas kaltem Wasser glatt rühren und die kochende Sauce damit eindicken. Sesamkörner und Haselnüsse in die Sauce geben. Dann die Bohnen hinzufügen und das Ganze noch einmal aufkochen. Mit Salz abschmecken. Die Buchweizennudeln in reichlich Salzwasser bissfest kochen, abseihen und mit 1 EL Sesamöl mischen.

Die langen Bohnen in tiefen Tellern nestartig anrichten. Die Buchweizennudeln mithilfe einer Gabel mit langen Zinken darauf drapieren. Mit Radieschensprossen garnieren.

Rote-Bete-Perlen mit Buchweizen

Für die Rote Bete

1 kg kleine Rote Bete (mit einem Durchmesser von 3–5 cm)
400 ml Gemüsebrühe
1 TL brauner Zucker
4 EL Sojasauce
3 EL Maisstärke
1 TL geriebener Ingwer
1 TL Kreuzkümmel
Salz und Pfeffer aus der Mühle

Für den Buchweizen

200 g Buchweizen
1 l Gemüsebrühe
Salz und Pfeffer aus der Mühle
½ TL gemahlener Koriander
2 Lorbeerblätter

Knoblauchsprossen und frischer Meerrettich zum Garnieren

Zubereitungszeit: 70 min

Zubereitung der Rote Bete

Rote Bete ordentlich waschen und putzen und in reichlich Salzwasser bissfest garen, aber nicht zu weich kochen. Anschließend aus dem Salzwasser heben, in kaltem Wasser abschrecken und schälen. Zum Schälen der Rote-Bete-Perlen sollten Sie Handschuhe tragen, weil Sie sonst 1–2 Tage lang rote Finger haben werden.

Braunen Zucker in einer Pfanne erhitzen, leicht karamellisieren lassen und mit Sojasauce ablösen. Mit Gemüsebrühe auffüllen und mit Ingwer, Salz, Pfeffer und Kreuzkümmel abschmecken. Die gegarten Rote-Bete-Perlen hineinlegen und ca. 10 Minuten in der Sauce ziehen lassen. Die Maisstärke mit etwas kaltem Wasser glatt rühren und unter die kochende Sauce rühren. Die Sauce sollte glänzend und nicht zu dünn werden. Eventuell etwas nachbinden.

Zubereitung des Buchweizens

Buchweizen in einem Sieb waschen. Gemüsebrühe zum Kochen bringen. Lorbeerblätter und Koriander hinzugeben. Gewaschenen Buchweizen in die Gemüsebrühe einrühren und auf kleiner Flamme unter gelegentlichem Rühren ca. 20 Minuten köcheln lassen.

Die Rote-Bete-Perlen mit dem Buchweizen auf Tellern anrichten. Mit Knoblauchsprossen und eventuell auch mit etwas frisch geriebenem Meerrettich garnieren.

Dieses Rezept lädt geradezu zum Variieren ein. Verändern Sie die Gewürzmengen nach Ihrem Geschmack. Ergänzen Sie das Curry mit Zitronensaft, rühren Sie am Ende der Kochzeit 2 EL Sojajoghurt unter ...

Madras-Curry mit Koriander-Chili-Naan

400 g eingeweichte Sojaschnetzel
2 in Würfel geschnittene Kartoffeln
2 in Scheiben geschnittene
Karotten
440 ml Kokosmilch
200 g geschälte und gehackte
Tomaten (am besten aus der Dose)
150 g fein gewürfelte Zwiebeln
40 g Currypulver (Hot Madras)
15 g Kurkuma
10 g Kreuzkümmel
5 g Korianderkörner
5 g Bockshornkleesamen
2 Kardamomkapseln
3 Knoblauchzehen
1 Chilischote
3 EL Rapsöl
1 Bund gehackter Koriander
Salz und weißer Pfeffer
aus der Mühle

Zubereitungszeit: 70 min

Zubereitung des Currys

Chilischote entkernen und in feine Streifen schneiden. Samen aus den Kardamomkapseln holen und diese mit dem geschälten Knoblauch, Bockshornkleesamen, Kurkuma, Kreuzkümmel und den Korianderkörnern im Mörser fein mahlen. Die Gewürzmischung mit dem Currypulver vermengen. Rapsöl in einer Pfanne erhitzen. Zwiebelwürfel dazugeben und kurz mitrösten. Sojastücke und Kartoffelwürfel unterrühren. Hitze etwas reduzieren und das Ganze ca. 2 Minuten unter Rühren weiterrösten. Die Curry-Gewürz-Mischung hinzugeben und unter ständigem Rühren kurz mitrösten. Dann mit Kokosmilch ablöschen, mit Tomaten auffüllen und auf kleiner Flamme unter gelegentlichem Rühren ca. 20 Minuten leicht köcheln lassen. Sollte die Sauce zu dick werden, etwas Wasser zum Curry geben. Karottenscheiben nach der Hälfte der Garzeit hinzugeben. Mit Salz und Pfeffer abschmecken.

Tipp: Kräuter immer erst kurz vor ihrer Verwendung mit einem scharfen Messer hacken. Durch die Bearbeitung mit einem stumpfen Messer gehen zu viele ätherische Öle verloren, denn die Kräuter werden eher gequetscht als gehackt. Es duftet zwar gut in Ihrer Küche, aber die Kraft der Kräuter fehlt dann in Ihrem Essen. Fügen Sie die frischen Kräuter immer erst kurz vor dem Servieren hinzu.

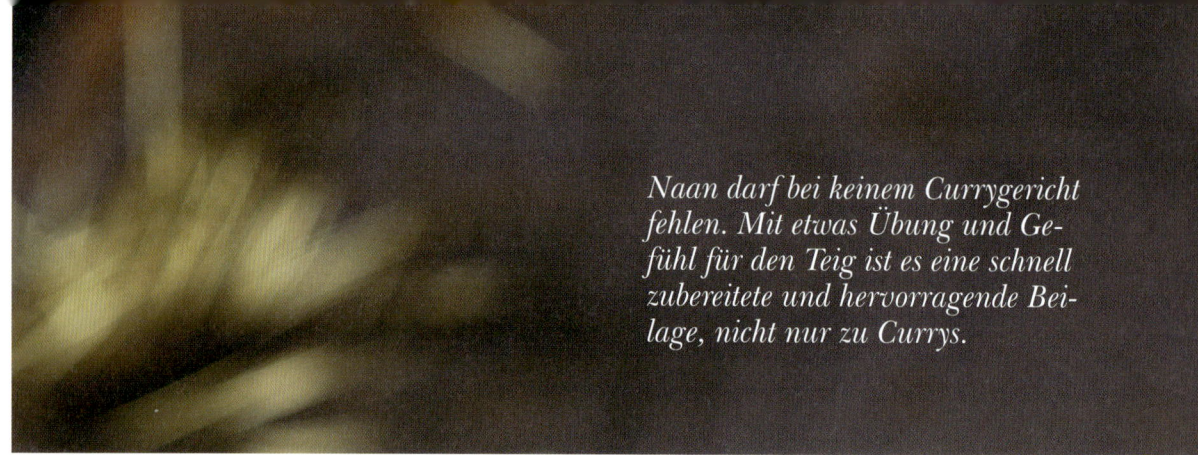

Naan darf bei keinem Currygericht fehlen. Mit etwas Übung und Gefühl für den Teig ist es eine schnell zubereitete und hervorragende Beilage, nicht nur zu Currys.

Fladenbrot

Koriander-Chili-Naan

Madras-Curry mit Koriander-Chili-Naan – Teil 2

500 g helles, glattes Weizenmehl
(am besten Farina Typ 00)
250 ml Wasser
20 g Hefe
1 EL Gerstenmalz
oder 10 g Rohrzucker
20 g Olivenöl
10 g feines Meersalz
3 Chilischoten
½ Bund Koriander

Zubereitung des Naan

Hefe, Gerstenmalz und Wasser anrühren. Chilischoten – je nach gewünschter Schärfe mit oder ohne Kerne – in feine Ringe schneiden und Koriander fein hacken. Mehl in eine Rührschüssel sieben. Chili, Koriander, Salz, Olivenöl und das Hefegemisch dazugeben und das Ganze in der Küchenmaschine oder dem Handrührgerät zu einem glatten Teig verarbeiten. Den Teig auf einer bemehlten Arbeitsfläche mit den Händen gut durchkneten, bis er schön glatt ist. Etwas Mehl in die Rührschüssel stauben, den Teig zurücklegen, zudecken und an einem warmen Ort ca. 40 Minuten gehen lassen, bis sich das Volumen des Teiges etwa verdoppelt hat. Danach den Teig noch einmal auf einer bemehlten Arbeitsfläche durchkneten und in 10 gleich große Stücke aufteilen. Teiglinge zu Kugeln schleifen und auf der bemehlten Arbeitsfläche zugedeckt nochmals 10 Minuten ruhen lassen. Die Teigkugeln dann mit einem Nudelholz zu ca. 5 mm dicken länglichen Fladen ausrollen.

Grillpfanne erhitzen. Fladenbrote auf einer Seite leicht mit Olivenöl einstreichen. Dann mit der eingeölten Seite nach unten in die Grillpfanne legen und bei nicht zu großer Hitze ca. 1–2 Minuten backen, bis der Teig goldbraun ist. In der Zwischenzeit die obere Seite der Fladenbrote wieder leicht mit Olivenöl einstreichen. Die Fladenbrote vorsichtig wenden und ca. 1 Minute fertig backen. Naan am besten frisch und heiß servieren.

Das Curry in vorgewärmten Schüsseln oder tiefen Tellern anrichten und mit dem frisch gehackten Koriander bestreuen. Dazu das Naan-Brot servieren.

Lupinensteak mit Petersilienhollandaise, gebratenen Chilibohnen und gebackenen Kartoffeln

Für das Lupinensteak
4 Lupinensteaks à 120 g
2 EL Ketchup
1 EL Olivenöl
½ TL fein geriebener Ingwer
½ TL Agavendicksaft
Salz und Pfeffer aus der Mühle
Olivenöl zum Braten

Für die Hollandaise
150 g Seidentofu
4 EL Rapsöl
1 EL Hefeflocken
3 EL gehackte Petersilie
½ TL Zitronensaft
½ TL Dijon-Senf
½ TL Kurkuma
Salz, weißer Pfeffer aus der Mühle

Für die Chilibohnen
300 g gekochte weiße Butterbohnen
150 g gekochte rote Bohnen
60 g Schalottenstreifen
1 entkernte und fein
gehackte Chilischote
4 Knoblauchzehen
Salz und Pfeffer aus der Mühle
½ TL brauner Zucker
3 EL Olivenöl

Für die gebackenen Kartoffeln
4 große Kartoffeln
1 EL grob gehackter Rosmarin
Meersalz
2 EL Olivenöl
4 EL Sojafrischkäse
½ TL edelsüßes Paprikapulver
Salz und weißer Pfeffer
aus der Mühle
1 Spritzer Zitronensaft

Zubereitung der Steaks
Ketchup gut mit Olivenöl, Ingwer, Agavendicksaft und Pfeffer verrühren. Lupinensteaks auf beiden Seiten mit der Marinade einpinseln und leicht salzen. Olivenöl in einer Pfanne erhitzen und die Steaks auf beiden Seiten schön braun braten.

Zubereitung der Hollandaise
Seidentofu in einem kleinen Topf leicht erwärmen. Zitronensaft, Hefeflocken, Kurkuma, Petersilie und Dijon-Senf dazugeben. Rapsöl mithilfe eines Stabmixers in den Seidentofu einarbeiten. Mit Salz und Pfeffer abschmecken.

Zubereitung der Chilibohnen
Olivenöl in einer Pfanne erhitzen. Knoblauch leicht andrücken und mit den Bohnen in der Pfanne braun braten. Schalotten, Chili und Zucker dazugeben, kurz mitrösten und alles mit Salz und Pfeffer abschmecken.

Zubereitung der gebackenen Kartoffeln
Den Ofen auf 230 °C vorheizen. Kartoffeln waschen und mit Olivenöl, Meersalz und Rosmarin einreiben. Dann in eine Backform legen und im Ofen 35 – 40 Minuten backen. Sojafrischkäse mit Paprikapulver glatt rühren und mit etwas Salz, Pfeffer und Zitronensaft abschmecken.

Die Steaks auf vorgewärmten Tellern anrichten und mit der Hollandaise nappieren. Die gebackenen Kartoffeln aus dem Ofen nehmen, kreuzförmig einschneiden, mit der Creme füllen und neben den Steaks anrichten. Die Bohnen dazugeben und mit etwas frischer Petersilie garnieren.

Zubereitungszeit: 50 min

Tipp: Für dieses Gericht eignen sich sowohl Weißkohl- als auch Wirsingblätter. Sollten Sie beides nicht in der gewünschten Qualität bekommen, können Sie Mangold oder Römersalat nutzen.

Kohlrouladen mit Weizenkornfüllung und Tomatenragout mit Stampfgemüse

Für die Kohlrouladen
4 – 6 Weißkohlblätter (am besten die großen, äußeren Blätter)
120 g Weizenkörner
240 ml Gemüsebrühe
100 ml Sojasahne
40 g Sojafrischkäse
50 g feine Bohnen
50 g Karotten
1 TL Kurkuma
1 TL Kreuzkümmel
1 Prise Muskatnuss
Salz und Pfeffer aus der Mühle

Für das Tomatenragout
400 g gehackte Tomaten
aus der Dose
60 g fein gehackte Schalotten
2 fein gehackte Knoblauchzehen
je 1 TL gehackter Thymian,
Rosmarin und Oregano
1 TL Zucker
3 EL Olivenöl
Salz und Pfeffer aus der Mühle

Für das Stampfgemüse
500 g geschälte und grob
gewürfelte Kartoffeln
100 g geschälte und grob
gewürfelte Karotten
80 g geschälte und grob
gewürfelte Sellerie
40 g geschälte und grob
gewürfelte Petersilienwurzel
100 ml Hafer Cuisine
60 g vegane Butter
Salz und Pfeffer aus der Mühle
1 Prise Muskatnuss
Schnittlauch zum Garnieren

Zubereitung der Kohlrouladen
Gemüsebrühe mit Sojasahne und Kurkuma aufkochen. Weizenkörner einrühren und ca. 10 Minuten auf kleiner Flamme köcheln lassen. Bohnen und Karotten klein schneiden. Nach 10 Minuten Garzeit das Gemüse hinzugeben und weitere 5 Minuten köcheln lassen. Mit Salz, Pfeffer, etwas Kreuzkümmel und Muskatnuss abschmecken und den Sojafrischkäse unterrühren. Strunk aus den Weißkohlblättern herausschneiden. Die Blätter in kochendem Wasser kurz blanchieren und in kaltem Wasser abschrecken, damit sie ihre Farbe behalten. Die Füllung auf den Blättern verteilen. Dann die Blätter einrollen und die Rouladen in eine Kasserolle legen. Mit etwas Wasser untergießen und im Ofen bei 180 °C ca. 30 Minuten backen.

Zubereitung des Tomatenragouts
Olivenöl in einem Topf erhitzen. Schalotten und Knoblauch darin anrösten. Zucker dazugeben und kurz karamellisieren lassen. Tomaten hinzufügen und ca. 10 Minuten köcheln lassen. Kräuter hineingeben und alles mit Salz und Pfeffer abschmecken.

Zubereitung des Stampfgemüses
Kartoffeln, Karotten, Sellerie und Petersilienwurzel in einen Topf geben, mit Salzwasser bedecken und weich dünsten. Gemüse abseihen und zurück in den Topf geben. Hafer Cuisine und vegane Butter dazugeben und mit dem Kartoffelstampfer nicht zu fein zerstampfen. Mit Salz, Pfeffer und Muskatnuss abschmecken.

Das Stampfgemüse in tiefen vorgewärmten Tellern oder schönen Schalen anrichten. Dann das Tomatenragout darüber geben. Den langen Schnittlauch darüberlegen. Die Kohlrouladen halbieren und auf dem Tomatenragout anrichten.

Zubereitungszeit: 60 min

*So einfach dieses Gericht auch
ist, so gewaltig sind doch die
Sinneseindrücke beim Genießen.
Die pure Kraft der Sonne
und ihre Lebensfreude verpackt
in Karotten und Goldhirse.
Was will man mehr!*

Gegrillte Karotten mit Zitronen-Pfeffer-Butter auf Goldhirse

Für die Karotten
600 g junge Karotten
Salz und Pfeffer aus der Mühle
1 Prise Zucker
2 Zweige Zitronenthymian
4 EL Olivenöl

Für die Zitronen-Pfeffer-Butter
20 g Pinienkerne
2 filetierte Zitronen
2 TL grüne Pfefferkörner in Salzlake
150 g vegane Butter
Salz

Für die Goldhirse
300 g Goldhirse
600 ml Gemüsebrühe
60 g Schalotten
1 Knoblauchzehe
2 EL Olivenöl

Zubereitungszeit: 30 min

Zubereitung der Karotten
Karotten vom Grün befreien, aber ca. 2 cm davon stehen lassen. Gründlich unter fließendem Wasser putzen. Salzwasser zum Kochen bringen. Karotten darin bissfest garen und dann abgießen.
Eine Grillpfanne erhitzen, Olivenöl und Thymianzweige in die Pfanne geben. Karotten auf beiden Seiten scharf anbraten. Mit Salz, Pfeffer und Zucker würzen.

Zubereitung der Zitronen-Pfeffer-Butter
Pinienkerne ohne Zugabe von Fett in einer Sauciere goldbraun anrösten. Vegane Butter schmelzen lassen und Pfefferkörner dazugeben und leicht salzen. Zitronenfilets unterrühren und die vegane Butter einmal kurz aufschäumen lassen.

Zubereitung der Goldhirse
Schalotten und Knoblauch fein hacken. Olivenöl in einem Topf erhitzen. Schalotten und Knoblauch darin anlaufen lassen. Hirse dazugeben, kurz mitschwitzen und mit Gemüsebrühe auffüllen. Das Ganze einmal aufkochen und zugedeckt ca. 10 Minuten garen lassen.

Goldhirse auf Tellern anrichten. Karotten darauf verteilen und mit der Zitronen-Pfeffer-Butter nappieren.

Krautstrudelsäckchen
auf gestampften Süßkartoffeln

Für die Krautstrudelsäckchen
2 Packungen Strudelblätter
1 kg Weißkohl
100 g rote Paprika
80 g Zwiebeln
40 g Kartoffeln
200 ml Gemüsebrühe
3 EL Rapsöl
1 EL Apfelessig
2 TL Kümmel
2 Lorbeerblätter
4 – 5 leicht angedrückte
Wacholderbeeren
1 TL Zucker
Salz und weißer Pfeffer
aus der Mühle

etwas flüssige vegane Butter
zum Bestreichen

Für die Süßkartoffeln
600 g Süßkartoffeln
250 ml Kokosmilch
4 EL vegane Butter
½ Chilischote
½ Zimtstange
Saft und Abrieb einer Limette
Salz und Pfeffer aus der Mühle
½ TL brauner Zucker
1 Prise Muskatnuss

Zubereitungszeit: 50 min

Zubereitung der Krautsäckchen
Weißkohl fein schneiden, salzen, gut durchkneten und
ca. 15 Minuten ruhen lassen. Zwiebeln und Paprika in
feine Streifen schneiden. Rapsöl erhitzen und Zwiebeln
mit Zucker darin goldbraun anrösten. Eingesalzenes
Kraut und Paprikastreifen dazugeben und kurz mitrösten. Mit Kümmel, Lorbeerblätter, Wacholderbeeren
und Pfeffer würzen. Mit Apfelessig ablöschen und mit
Gemüsebrühe auffüllen. Kartoffeln schälen, fein reiben
und unter das Kraut mischen.
Alles auf kleiner Flamme ca. 20 Minuten dünsten und
danach in einem Sieb abtropfen lassen. Die Strudelblätter in ca. 20 cm große Quadrate schneiden. Das
Kraut darauf verteilen und mit Küchengarn zu Säckchen binden. Die Säckchen auf ein mit Backpapier
belegtes Blech legen und mit flüssiger veganer Butter
bestreichen. Im vorgeheizten Ofen bei 220 °C ca.
15 Minuten backen.

Zubereitung der gestampften Süßkartoffeln
Süßkartoffeln schälen und in der Kokosmilch mit einer
Zimtstange weich kochen. Chilischote halbieren, Kerne
entfernen und die Schote in feine Würfel schneiden.
Vegane Butter, Chili, Zucker, Limettensaft und -schale
zu den Süßkartoffeln geben. Mit einem Kartoffelstampfer pürieren und mit Salz, Pfeffer und Muskatnuss
abschmecken.

Das Süßkartoffelpüree auf vorgewärmten Tellern
anrichten. Die Krautstrudelsäckchen daraufgeben
und alles mit frischer Kresse garnieren.

Hirseschnitten mit Nuss-Senf-Kruste auf Kokosrahmspinat

Für die Hirseschnitten

200 g Hirse
350 ml Gemüsebrühe
50 g fein gewürfelte Sellerie
50 g fein gewürfelte Karotten
50 g fein gewürfelte Schalotten
100 ml Hafer Cuisine
2 EL Olivenöl
1 Lorbeerblatt
Meersalz und Pfeffer aus der Mühle

Für die Nuss-Senf-Kruste

2 EL Estragonsenf
2 EL gemahlene Walnüsse
2 EL Semmelbrösel
2 EL vegane Butter
1 Prise brauner Zucker

Für den Spinat

1 kg Blattspinat
2 fein gehackte Knoblauchzehen
90 g Schalottenstreifen
4 getrocknete und
grob gehackte Tomaten
4 EL Olivenöl
200 ml Kokosmilch
Meersalz
weißer Pfeffer aus der Mühle
1 Msp. Muskatnuss

Zubereitungszeit: 60 min

Zubereitung der Hirseschnitten

Einen Topf erhitzen, Olivenöl dazugeben und darin Schalotten mit klein geschnittenem Gemüse farblos anschwitzen. Hirse und Lorbeerblatt dazugeben, kurz mitrösten, mit Gemüsebrühe ablöschen und einmal aufkochen lassen. Den Topf zudecken und die Hirse auf der ausgeschalteten Herdplatte ca. 20 Minuten quellen lassen. Hafer Cuisine unterrühren, mit Salz und Pfeffer abschmecken und weitere 10 Minuten quellen lassen. Aus der Masse mit nassen Händen auf einem mit Backpapier belegten Blech 4 gleich große, glatte Schnitten formen.

Senf mit Semmelbröseln, Walnüssen, veganer Butter und Zucker mit einer Gabel verkneten und auf die kalten Hirseschnitten streichen. Backofen auf 220 °C vorheizen. Die Hirseschnitten ca. 15 Minuten goldbraun backen.

Zubereitung des Kokosrahmspinats

Spinat waschen und kurz in kochendem Wasser blanchieren, abgießen und kalt abschrecken. Danach gut ausdrücken und eventuell etwas kleiner schneiden. Schalottenstreifen mit Knoblauch in etwas Olivenöl farblos anschwitzen, Tomatenstücke und Spinat dazugeben und mit Kokosmilch auffüllen. Rahmspinat mit Salz, Pfeffer und Muskatnuss abschmecken.

Den Spinat auf Tellern verteilen. Die Hirseschnitten aus dem Ofen nehmen und auf dem Spinat platzieren.

Tipp: Sie können die Sojamedaillons auch durch in leich-
tem Salzwasser pochierte und mit etwas Zitronensaft
und weißem Pfeffer gewürzte Selleriescheiben ersetzen.
Kürbis-Kartoffel-Püree passt dazu hervorragend.

Gekräuterte Sojamedaillons
mit Selleriepüree

Für die Medaillons
12 Sojamedaillons
1 l Gemüsebrühe
150 ml Sojadrink
90 g helles, glattes Weizenmehl
60 g frische Weißbrotbrösel
ohne Rinde
30 g frische gehackte Kräuter,
z.B. Petersilie, Liebstöckel, Thymian
und Schnittlauch
1 EL Apfelessig
1 TL Dijon-Senf
Salz und weißer Pfeffer
aus der Mühle
Öl zum Ausbacken

Für das Püree
700 g Sellerie
200 g Kartoffeln
100 ml Hafer Cuisine
100 g flüssige vegane Butter
5–6 Tropfen Trüffelöl
Salz und weißer Pfeffer
aus der Mühle
1 Prise Muskatnuss

Radicchiostreifen zum Garnieren

Zubereitungszeit: 45 min

Zubereitung der Medaillons
Gemüsebrühe zum Kochen bringen. Sojamedaillons damit übergießen und mindestens 30 Minuten quellen lassen. Mehl mit Weißbrotbröseln und Kräutern mischen. Sojamedaillons aus der Gemüsebrühe heben, gut ausdrücken und anschließend auf beiden Seiten dünn mit Dijon-Senf einstreichen, leicht salzen und mit Pfeffer würzen. Sojadrink mit Apfelessig mischen und ca. 10 Minuten ruhen lassen. Auf einen Teller etwas Mehl geben und auf einen weiteren Teller die Kräutermischung. Die Sojamedaillons in Mehl wenden, durch den Sojadrink ziehen und anschließend mit der Kräutermischung panieren. In heißem Öl auf jeder Seite 3–4 Minuten goldbraun ausbacken und dann auf Küchenkrepp abtropfen lassen.

Zubereitung des Pürees
Kartoffeln und Sellerie schälen und in 3 cm große Stücke schneiden. Diese mit kaltem Wasser bedecken, leicht salzen, zum Kochen bringen und auf kleiner Flamme weich kochen. Das Wasser abgießen und Sellerie mit den Kartoffeln passieren oder mit einem Kartoffelstampfer zerdrücken. Hafer Cuisine und zerlassene vegane Butter dazugeben und das Püree glatt rühren. Mit Salz, Pfeffer, Trüffelöl und Muskatnuss abschmecken.

Die Radicchiostreifen auf Tellern verteilen. Das Selleriepüree und die Sojamedaillons darauf anrichten.

Mit Bulgur gefüllter Butternusskürbis aus dem Ofen

Für den Kürbis

2 Butternusskürbisse
1 TL Kreuzkümmel
Salz und weißer Pfeffer
aus der Mühle
Olivenöl

Für die Bulgurfüllung

300 g Bulgur
600 ml Gemüsebrühe
200 g rote und grüne Paprika
50 g Schalotten
2 Knoblauchzehen
20 g frisch geschnittener Ingwer
20 g Pinienkerne
20 g Sonnenblumenkerne
3 EL Rosinen
100 ml Orangensaft
4 EL Olivenöl
1 Packung Safranfäden
1 EL brauner Zucker
½ TL Kreuzkümmel
Salz und weißer Pfeffer
aus der Mühle

Zubereitungszeit: 35 min

Den Ofen auf 220 °C vorheizen. Butternusskürbisse halbieren und Kerne entfernen. Die Kürbishälften mit Olivenöl einreiben und mit Salz, Pfeffer und etwas Kreuzkümmel würzen. Dann im Backofen ca. 25 Minuten backen, bis sie gar sind.

Für die Füllung die Rosinen ca. 1 Stunde in Orangensaft einweichen lassen. Gemüsebrühe mit Safran aufkochen, Bulgur einrühren und ca. 15 Minuten quellen lassen. Pinien- und Sonnenblumenkerne ohne Zugabe von Fett in einer Pfanne anrösten. Paprika, Schalotten und Knoblauch in feine Würfel schneiden. Olivenöl in einer Pfanne erhitzen und Gemüsewürfel sowie Ingwer darin anschwitzen. Kreuzkümmel und braunen Zucker dazugeben. Mit Orangensaft und den eingeweichten Rosinen ablöschen. Das Ganze aufkochen lassen. Dann den Bulgur und die gerösteten Pinien- und Sonnenblumenkerne unterheben und mit Salz und Pfeffer abschmecken.

Die Butternusskürbisse aus dem Ofen nehmen und mit dem Bulgur füllen. Dazu servieren Sie am besten Zaziki.

Wussten Sie schon …
Safran ist das teuerste Gewürz der Welt. Für 1 kg Safran müssen mindestens 200 000 Staubfäden des Safrankrokus von Hand gepflückt werden. Aus diesem Grund wird Safran auch oft gefälscht angeboten. Kaufen Sie daher niemals gemahlenen Safran, sondern bevorzugen Sie Safranfäden aus europäischem Anbau. Die Qualität des Safrans beurteilen Sie nach der ziegelroten Farbe der Fäden.

Gefüllte Zucchini auf Tomatenragout

Für die gefüllten Zucchini
4 runde Zucchini
200 g gekochte Dinkelkörner
400 g Weizengehacktes
4 EL Sojafrischkäse
40 g Schalotten
1 Knoblauchzehe
1 EL gehackter Koriander
Salz und Pfeffer aus der Mühle
1 Prise Kreuzkümmel
3 EL Olivenöl

Für das Tomatenragout
750 g geschälte und gehackte
Tomaten aus der Dose
100 g Zwiebeln
3 Knoblauchzehen
2 EL Olivenöl
1 Chilischote
Salz und Pfeffer aus der Mühle
1 Bund Basilikum
2 EL gehackter Thymian
3 Lorbeerblätter

Zubereitungszeit: 50 min

Zubereitung der Zucchini

Kappen der Zucchini abschneiden und die Zucchini mit einem Parisienne-Ausstecher aushöhlen.
Für die Füllung das Fruchtfleisch fein hacken. Schalotten und Knoblauch schälen und fein würfeln. Olivenöl in einer Pfanne erhitzen und die Schalotten darin goldbraun anrösten. Knoblauch und Fruchtfleisch dazugeben und kurz mitrösten. Weizengehacktes und die gekochten Dinkelkörner hinzufügen und ebenfalls kurz mitrösten. Sojafrischkäse und gehackten Koriander unterrühren und mit Kreuzkümmel, Salz und Pfeffer würzen. Die Zucchini füllen und mit den Kappen wieder verschließen.

Zubereitung des Ragouts

Zwiebeln und Knoblauch schälen und fein hacken. Chilischote halbieren, entkernen und fein hacken. Olivenöl in einem Topf erhitzen und Zwiebeln, Knoblauch und Chili darin anrösten. Alles mit den Tomaten ablöschen, Lorbeerblätter dazugeben und ca. 10 Minuten leicht köcheln lassen. Mit Salz und Pfeffer würzen.

Das Ragout in eine Auflaufform gießen und die gefüllten Zucchini hineinsetzen. Im vorgeheizten Ofen bei 220 °C ca. 30 Minuten backen. Das gehackte Basilikum und den Thymian unter die Tomatensauce rühren.

Gewürzbohnen mit Pfifferlingen
und schwarzem Kümmel auf Maiscreme

Für die Gewürzbohnen
400 g grüne Bohnen
200 g Pfifferlinge
300 ml passierte Tomaten
aus der Dose
80 g rote Paprika
80 g Zwiebeln
2 fein gehackte Knoblauchzehen
½ TL schwarzer Kümmel
1 EL fein gehackter Koriander
1 TL Zucker
Salz und Pfeffer aus der Mühle
4 EL Olivenöl

Für die Maiscreme
600 g frische Maiskörner
100 ml Hafer Cuisine
40 ml Olivenöl
2 Lorbeerblätter
Salz und weißer Pfeffer
aus der Mühle
1 Prise Zucker

Koriander zum Garnieren

Zubereitungszeit: 40 min

Zubereitung der Gewürzbohnen
Bohnen putzen und Enden abschneiden. Dann in reichlich Salzwasser bissfest garen, abgießen und in kaltem Wasser abschrecken. Zwiebeln fein würfeln und Paprika in feine Streifen schneiden. Pfifferlinge putzen. Olivenöl in einer Pfanne erhitzen und den schwarzen Kümmel darin anrösten. Zwiebeln und Knoblauch dazugeben und kurz mitrösten. Pfifferlinge hineingeben und anbraten. Danach die Bohnen hinzufügen und das Ganze mit den passierten Tomaten ablöschen. Alles ca. 5 Minuten köcheln lassen und mit gehacktem Koriander, Zucker, Salz und Pfeffer abschmecken.

Zubereitung der Maiscreme
Maiskörner in reichlich Salzwasser mit Lorbeerblättern weich kochen. Dann abgießen und mit Hafer Cuisine und Olivenöl in der Küchenmaschine oder mit einem Stabmixer fein pürieren. Mit Salz, Pfeffer und Zucker abschmecken.

Die Maiscreme auf Schalen verteilen und die Gewürzbohnen darauf anrichten. Mit frischen Korianderblättern garnieren.

Gebratene Lotuswurzeln mit gelbem Reis

Für die Lotuswurzel

480 g vorgegarte und geschnittene Lotuswurzeln (aus dem Asialaden)
100 g in Streifen geschnittene rote Zwiebeln
50 g Cashewnüsse
80 g in feine Streifen geschnittene rote Paprika
100 g brauner Zucker
90 ml Reisweinessig
150 ml Wasser
60 g Ketchup
2 EL helle Sojasauce
1 Chilischote
1 EL fein gehackter Ingwer
2 EL Sesamöl
Salz und Pfeffer aus der Mühle
ca. 1 TL Maisstärke

Für den gelben Reis

200 g Basmatireis
400 ml heißes Wasser
2 EL vegane Butter
50 g fein gehackte Zwiebeln
1 fein gehackte Knoblauchzehe
3 Gewürznelken
4 Kardamomkapseln
½ Zimtstange
1 TL Kurkuma
60 g eingeweichte Rosinen
40 g gehobelte Mandeln
Salz

Ein Rezept zum Herstellen des Ketchups finden Sie auf S. 230.

Zubereitung der gebratenen Lotuswurzeln

Lotuswurzeln aus der Verpackung nehmen und gut abtropfen lassen. Sesamöl erhitzen. Lotuswurzeln darin scharf anbraten und danach aus der Pfanne heben. Zwiebeln, Paprika und Cashewnüsse im Sesamöl anbraten, Zucker dazugeben und leicht karamellisieren lassen. Mit Reisweinessig ablöschen und mit Wasser auffüllen. Ketchup, Sojasauce und restliche Gewürze einrühren und alles kurz köcheln lassen.
Maisstärke mit etwas kaltem Wasser glatt rühren und die Sauce damit andicken. Lotuswurzeln in die Sauce geben und das Ganze noch einmal aufkochen lassen. Mit Salz und Pfeffer abschmecken.

Zubereitung des Reises

Reis waschen und abtropfen lassen. Vegane Butter erhitzen. Zwiebeln, Knoblauch und übrige Gewürze darin anschwitzen. Reis dazugeben und glasig dünsten. Mit heißem Wasser auffüllen und einmal aufkochen lassen. Salzen, zudecken und ca. 20 Minuten quellen lassen. Rosinen und Mandelsplitter unterrühren und weitere 5–10 Minuten ausdampfen lassen.

Zubereitungszeit: 45 min

Gebratene Babymaiskolben
auf lauwarmem Couscoussalat

Für die gebratenen Maiskolben

600 g Babymaiskolben
80 g rote Zwiebeln
60 g rote Paprika
2 EL Sesam
50 ml helle Sojasauce
1 EL Zitronensaft
½ TL brauner Zucker
4 EL Öl
Thymian
Salz und weißer Pfeffer
aus der Mühle

Für den Couscoussalat

200 g Couscous
400 ml Gemüsebrühe
2 fein gehackte Schalotten
50 g Karottenwürfel
30 g Lauchstreifen
20 g Pinienkerne
1 fein gehackte Knoblauchzehe
3 EL Olivenöl
4 EL Zitronensaft
1 TL Senfkörner
½ TL gemahlener Koriander
½ TL Kreuzkümmel
Cayennepfeffer
Salz und Pfeffer aus der Mühle
3 Minzezweige

4 EL gehackte Petersilie und
4 Thymianzweige zum Garnieren

Zubereitungszeit: 25 min

Zubereitung der Babymaiskolben

Babymaiskolben putzen und halbieren. Zwiebeln und Paprika in Streifen schneiden. Öl in einer Pfanne erhitzen und die Maiskolben darin anbraten. Zwiebeln und Paprikastreifen unterheben und kurz mitrösten. Sesam und Zucker dazugeben und ebenfalls kurz mitrösten. Mit Sojasauce und Zitronensaft ablöschen. Mit Salz, Pfeffer und Thymian würzen.

Zubereitung des Couscoussalats

Olivenöl in einer Pfanne erhitzen und Senfkörner darin anrösten, bis sie zu springen beginnen. Schalotten, Pinienkerne, Koriander, Knoblauch, Kreuzkümmel und Cayennepfeffer dazugeben und kurz mitrösten. Couscous und Karottenwürfel hinzufügen und kurz anlaufen lassen. Mit Gemüsebrühe ablöschen und einmal kurz aufkochen lassen. Dann die Lauchstreifen unterrühren, den Couscous zudecken und ca. 10 Minuten zum Ziehen zur Seite stellen. Minze abzupfen und fein hacken. Den Couscous mit Zitronensaft, gehackter Minze, Salz und Pfeffer abschmecken.

Den Couscoussalat in tiefen Tellern anrichten und den Mais darauf anrichten. Mit gehackter Petersilie bestreuen und Thymianzweigen garnieren.

Gebratener Blumenkohl
mit Kartoffeln in Kokosmilch

500 g Kartoffeln
500 g Blumenkohl
100 g Zwiebeln
300 ml Kokosmilch
200 ml Gemüsebrühe oder Wasser
2 TL gemahlener Koriander
2 TL Kurkuma
1 EL Garam masala
1 TL geriebener Ingwer
1 entkernte Chilischote
2 fein gehackte Knoblauchzehen
Salz und Pfeffer aus der Mühle
4 EL Rapsöl

½ Bund Koriander zum Garnieren

Zubereitungszeit: 35 min

Kartoffeln waschen, schälen und in Spalten schneiden. Blumenkohl in kleine Röschen teilen. Eine Pfanne erhitzen, Rapsöl dazugeben, Kartoffeln darin anbraten und alles dann aus der Pfanne heben. Blumenkohl ebenso anbraten und aus der Pfanne heben. Zwiebeln im restlichen Öl anbraten und Gewürze sowie Knoblauch kurz mitrösten.

Mit Gemüsebrühe oder Wasser und Kokosmilch ablöschen und auffüllen. Blumenkohl und Kartoffeln dazugeben und ca. 15 Minuten auf kleiner Flamme köcheln lassen. Mit Salz und Pfeffer abschmecken.

Alles auf Tellern anrichten und mit frisch gehacktem Koriander garnieren.

Tipp: Zu diesem Gericht passt Naan-Brot hervorragend. Ein Rezept für das Naan-Brot finden Sie auf S. 143.

Gebratene Kräuterseitlinge
mit Trüffelkartoffelpüree und Kapernbutter

Für die Kräuterseitlinge
480 g große Kräuterseitlinge
2 Rosmarinzweige
2 Knoblauchzehen
Salz und weißer Pfeffer
aus der Mühle
Olivenöl zum Braten

Für das Püree
500 g Trüffelkartoffeln
(violette Kartoffeln)
2 Knoblauchzehen
120 ml Haferdrink
2 EL vegane Butter
Salz und weißer Pfeffer
aus der Mühle
frisch geriebene Muskatnuss

Für die Kapernbutter
200 g vegane Butter
Saft einer Limette
50 g große Kapernbeeren
2 EL geröstete Pinienkerne
Salz und Pfeffer aus der Mühle

40 g Spargelsprossen
zum Garnieren

Zubereitungszeit: 45 min

Zubereitung der gebratenen Kräuterseitlinge
Kräuterseitlinge putzen und in ca. 5 mm dicke Scheiben schneiden. Olivenöl in einer Pfanne erhitzen. Angedrückte Knoblauchzehen und Rosmarinzweige dazugeben. Kräuterseitlinge darin auf beiden Seiten schön braun anbraten. Mit Salz und Pfeffer würzen.

Zubereitung des Pürees
Ungeschälte Trüffelkartoffeln in einem Topf mit Salzwasser bedecken und ca. 30 Minuten auf kleiner Flamme weich kochen. Knoblauch schälen und sehr fein hacken. Trüffelkartoffeln abgießen, schälen und kurz ausdampfen lassen. Vegane Butter in einem Topf schmelzen und den gehackten Knoblauch darin anlaufen lassen. Trüffelkartoffeln dazugeben und mit dem Kartoffelstampfer zerdrücken. Haferdrink erwärmen und unter die gestampften Kartoffeln rühren. Mit Salz, Pfeffer und Muskatnuss abschmecken.

Zubereitung der Kapernbutter
Pinienkerne ohne Zugabe von Fett in einer heißen Pfanne goldbraun anrösten. Vegane Butter dazugeben und schmelzen lassen. Halbierte Kapern und Limettensaft hinzugeben und einmal aufschäumen lassen. Mit Salz und Pfeffer abschmecken.

Die gebratenen Kräuterseitlinge auf Tellern anrichten und mit Spargelsprossen belegen. Das Trüffelkartoffelpüree mithilfe eines Spritzbeutels auf den Sprossen verteilen und mit der Kapernbutter nappieren.

Wussten Sie schon …

Tomaten-Concassée können Sie ganz einfach selbst herstellen. Die Tomatenhaut dazu an der Unterseite leicht kreuzförmig einschneiden und den Strunk mit einem kleinen Messer entfernen.

Die Tomaten in einen Topf mit kochendem Wasser für ca. 10 Sekunden eintauchen. Anschließend sofort in kaltes Wasser geben. Dann lassen sich die Tomaten ganz leicht häuten. Tomaten danach halbieren, das Kerngehäuse herausschaben und die Tomaten in ca. 5 x 5 mm kleine Würfel schneiden.

Gebackene Okraschoten
mit Couscoussalat und Harissa

Für die Okraschoten

500 g Okraschoten
150 ml Sojadrink
2 TL Apfelessig
150 g helles, glattes Weizenmehl
100 g Kichererbsenmehl
125 g Maismehl
1 Prise Salz
Rapsöl oder Kokosfett
zum Frittieren

Für den Couscoussalat

300 g Couscous
500 ml Gemüsebrühe
100 g kleine schwarze Bohnen
½ fein gewürfelte Salatgurke
½ fein gewürfelte gelbe Paprika
Concassée aus 2 Tomaten
½ EL gehackte
Marokkanische Minze
½ EL gehackter Koriander
120 ml Orangensaft
60 ml Apfel-Balsamicoessig
90 ml Olivenöl
½ TL Kreuzkümmel
Salz und weißer Pfeffer
aus der Mühle

Für das Harissa

Concassée aus 200 g Tomaten
1 EL Tomatenmark
2 Knoblauchzehen
4 Chilischoten
2 EL Olivenöl
1 Prise Zucker
Salz, Kreuzkümmel

Zubereitung der Okraschoten

Sojadrink mit Apfelessig verrühren und ca. 15 Minuten ruhen lassen. Weizenmehl mit dem Sojadrink glatt rühren. Kichererbsen- und Maismehl mit Salz mischen. Okraschoten putzen und den Stielansatz abschneiden. Dann die Okraschoten in der Sojadrink-Mehl-Mischung wenden, etwas abtropfen lassen und in der anderen Mehlmischung wenden. Die panierten Schoten in nicht zu heißem Öl 4–5 Minuten knusprig und goldbraun herausbacken. Auf Küchenkrepp abtropfen lassen.

Zubereitung des Salats

Couscous mit kochender Gemüsebrühe übergießen, durchrühren und ca. 10 Minuten ausquellen lassen. Couscous, Bohnen, fein gewürfeltes Gemüse und Tomaten-Concassée vermengen. Orangensaft mit Balsamico und Olivenöl anrühren und über den Couscoussalat gießen. Gehackte Kräuter dazugeben und den Salat gut durchrühren. Mit Salz, Pfeffer und Kreuzkümmel abschmecken.

Zubereitung des Harissa

Knoblauch fein hacken. Chilischoten halbieren, entkernen und fein schneiden. Olivenöl in einem Topf erhitzen. Knoblauch und Chili hinzufügen und kurz mitrösten. Zucker dazugeben und anrösten, Tomatenmark und Tomaten-Concassée hineingeben und ca. 10 Minuten weich dünsten. Alles mit einem Stabmixer fein passieren und mit Salz und Kreuzkümmel abschmecken.

Den Couscoussalat auf Tellern anrichten.
Die frittierten Okraschoten darauf anrichten und mit dem Harissa servieren.

Zubereitungszeit: 35 min

Wussten Sie schon …
Die Kartoffelsorte »Kipfler« ist festkochend und
zerfällt nicht beim Kochen. Kipfler sind länglich
und leicht gebogen. Daher stammt auch ihr Name.
Kipfler sind mein absoluter Favorit für Kartoffel-
salat und Kartoffelgulasch. Gern verwende ich sie
auch für Petersilienkartoffel oder zum Backen
im Ofen mit etwas Olivenöl, Rosmarin, Lorbeer-
blättern, Knoblauch und Schalotten.
Einfach ein Genuss!

Kartoffelgulasch mit Shiitakepilzen und grünen Bohnen mit frischem Kümmelbrot

Für das Kartoffelgulasch
800 g festkochende geschälte
Kartoffeln (am besten Kipfler)
250 g fein gewürfelte Zwiebeln
4 EL Rapsöl
200 g Shiitakepilze
200 g breite grüne Bohnen
1 in Würfel geschnittene
grüne Paprika
2 fein gehackte Knoblauchzehen
500 ml Gemüsebrühe
1 TL Balsamicoessig
1 EL Tomatenmark
20 g edelsüßes Paprikapulver
Salz und Pfeffer aus der Mühle
2 Lorbeerblätter
5 Wacholderbeeren
Oregano
Thymian

Für das Kümmelbrot
500 g helles, glattes Weizenmehl
250 g Roggenmehl
20 g Kümmel
30 g Hefe
400 ml lauwarmes Wasser
2 TL Salz
1 TL Gerstenmalz
(ersatzweise 1 TL Rohrzucker)
etwas Öl zum Bestreichen
der Backform

Petersilie zum Garnieren

Zubereitungszeit: 100 min

Zubereitung des Gulaschs
Kartoffeln je nach Größe ganz lassen oder in ca. 3 – 4 cm lange Stücke schneiden. Die Hälfte des Rapsöls in einem Topf erhitzen und Zwiebeln darin goldbraun anrösten. Tomatenmark hinzugeben und kurz mitrösten. Paprikapulver dazugeben, durchrühren und sofort mit Balsamicoessig ablöschen und mit Gemüsebrühe aufgießen. Kartoffeln und Gewürze hinzufügen und alles unter mehrmaligem Rühren kochen lassen, bis die Kartoffeln weich geworden sind. Der Gulaschsaft sollte durch die Stärke der Kartoffeln schön cremig werden. Eventuell mit etwas in Wasser glatt gerührter Kartoffelstärke nachbinden. Grüne Bohnen putzen, in ca. 2 cm dicke Stücke schneiden und in reichlich Salzwasser bissfest blanchieren. Sofort in kaltem Wasser abschrecken. Geputzte Pilze und Paprikawürfel im restlichen Rapsöl mit fein gehacktem Knoblauch anbraten, mit Salz und Pfeffer würzen und mit den Bohnen unter das fertige Kartoffelgulasch mengen.

Zubereitung des Kümmelbrots
Weizenmehl, Roggenmehl, Kümmel, Salz und Gerstenmalz in die Küchenmaschine geben. Hefe in lauwarmem Wasser auflösen und mit der Mehlmischung zu einem glatten Teig verarbeiten. Den Teig zu einer Kugel schleifen und auf einer bemehlten Unterlage zugedeckt ca. 30 Minuten gehen lassen. Danach noch einmal mit den Händen durchkneten und in eine gefettete Kastenform legen. Weitere 30 Minuten an einem warmen Ort aufgehen lassen. Im vorgeizten Ofen bei 200 °C ca. 30 Minuten backen.

Das Kartoffelgulasch in tiefen Tellern anrichten und mit frischer Petersilie bestreuen. Dazu servieren Sie das noch lauwarme Kümmelbrot.

*Der nussige Geschmack des Dinkels
mit dem aromatischen Fenchel, und
das Ganze in der leuchtenden
gelben Farbe des Safrans, herrlich!*

Dinkelrisotto
mit Fenchel und Safran

300 g Dinkel
200 g in Würfel
geschnittener Fenchel
60 g gewürfelte weiße Zwiebeln
50 g eingeweichte Rosinen
20 g grob gehackte Pistazien
2 Orangen
400 ml Gemüsebrühe
200 ml Hafer Cuisine
1 Packung Safranfäden
1 fein gehackte Knoblauchzehe
3 EL Olivenöl
Salz und weißer Pfeffer
aus der Mühle
Saft ½ Zitrone

Fenchelgrün zum Garnieren

Zubereitungszeit: 40 min

Gemüsebrühe mit Safran zum Kochen bringen. Dinkel in der Gemüsebrühe ca. 20 min weich kochen und anschließend einige Minuten nachquellen lassen. Olivenöl in einem Topf erhitzen und Fenchel, Zwiebeln und Knoblauch im Olivenöl anschwitzen lassen. Mit Hafer Cuisine auffüllen. Dinkel, Pistazien und eingeweichte Rosinen dazugeben und ca. 5 Minuten köcheln lassen, bis das Risotto eine cremige Konsistenz hat. Orangen filetieren und die Orangenreste auspressen. Das Risotto mit Salz, Pfeffer und Zitronen- sowie Orangensaft abschmecken.

Die Orangenfilets vorsichtig unterheben und sofort in tiefen Tellern anrichten. Mit Fenchelgrün bestreuen.

Weiße Butterbohnen mit süßer Chilisauce und Sesamreis

Für die Butterbohnen
480 g gekochte weiße Butterbohnen
4 Schalotten
2 Knoblauchzehen
20 g geriebener Ingwer
2 Chilischoten
2 EL Sesamöl
2 EL Tomatenmark
30 g brauner Zucker
3 EL Limettensaft
250 ml Wasser
1 EL Maisstärke
Salz und Pfeffer aus der Mühle

Für den Sesamreis
160 g Parboiled Reis
400 ml heißes Wasser
1 kleine, geschälte und
halbierte Zwiebel
1 EL heller Sesam
1 EL dunkler Sesam
2 EL Sesamöl
2 Limettenblätter (Kaffirblätter)
Salz und Pfeffer aus der Mühle

Knoblauchsprossen zum Garnieren

Zubereitungszeit: 40 min

Schalotten schälen und in Ringe schneiden. Knoblauchzehen fein hacken. Chilischoten halbieren, entkernen und in feine Streifen schneiden. Sesamöl in einer Pfanne erhitzen und Schalotten darin kurz anrösten. Knoblauch, Ingwer und Chili dazugeben und kurz mitrösten. Braunen Zucker hineingeben und leicht karamellisieren lassen. Tomatenmark dazufügen und kurz mitrösten. Mit Limettensaft ablöschen und mit dem Wasser auffüllen. Salz und Pfeffer dazugeben und die Chilisauce ca. 5 Minuten köcheln lassen und danach die Butterbohnen hinzugeben. Die Maisstärke mit 2 EL Wasser glatt rühren, in die kochende Chilisauce einrühren und kurz mitköcheln lassen.

Für den Reis Sesamöl in einem Topf erhitzen. Darin die halbierte Zwiebel mit den Limettenblätter kurz anlaufen lassen. Reis dazugeben, mit Salz und Pfeffer würzen und kurz mitschwitzen. Wasser hinzugeben, aufkochen lassen und 15–20 Minuten bei kleiner Hitze köcheln lassen. Einmal kurz durchrühren und den Reis weitere 15 Minuten auf der ausgeschalteten Herdplatte quellen lassen. Limettenblätter und Zwiebel entnehmen. Sesam ohne Zugabe von Fett in einer Pfanne braun rösten und unter den Reis mischen.

Reis auf Schalen verteilen. Die Butterbohnen auf dem Reis anrichten und mit Knoblauchsprossen garnieren.

Auberginenfächer
mit Oliven-Kartoffel-Püree

Für die Auberginenfächer
8 Baby-Auberginen
1 Limette
1 Bund Frühlingszwiebeln
3 EL schwarze Bohnensauce
(Asialaden)
200 ml Wasser
1 gehackte Knoblauchzehe
2 Gewürznelken
1 EL Reisweinessig
Salz und Pfeffer aus der Mühle
Cayennepfeffer
1 TL Maisstärke
1 EL brauner Zucker
Olivenöl zum Braten

Für das Püree
700 g mehlige Kartoffeln
100 g schwarze Oliven ohne Kern
70 g vegane Butter
160 ml Haferdrink
Salz
1 Prise Muskatnuss

Zubereitungszeit: 45 min

Zubereitung der Auberginenfächer
Auberginen waschen und in Fächer schneiden. Unbehandelte Limette gut waschen und mit der Schale in kleine Stücke schneiden. Frühlingszwiebeln waschen, die Wurzeln abschneiden und in ca. 5 mm dicke Ringe schneiden. Olivenöl in einer Pfanne erhitzen, Auberginenfächer darin anbraten und mit Salz und Pfeffer würzen. Auberginen aus der Pfanne heben und zur Seite stellen. Zucker in die Pfanne geben und Frühlingszwiebeln, Knoblauch, Gewürznelken und Limettenstücke darin anschwitzen. Mit Essig ablöschen, mit Wasser auffüllen und die Bohnensauce dazugeben. Das Ganze einmal aufkochen lassen. Maisstärke mit 1 EL Wasser glatt rühren und die Sauce damit binden. Mit Salz und Cayennepfeffer abschmecken. Auberginen in die Pfanne zurücklegen und noch einmal aufkochen lassen.

Zubereitung des Pürees
Kartoffeln schälen, vierteln und in leicht gesalzenem Wasser weich kochen. Oliven grob hacken. Kartoffeln abgießen und ausdampfen lassen. Haferdrink erwärmen. Kartoffeln fein passieren. Gehackte Oliven, vegane Butter und warmen Haferdrink mit einem Kochlöffel unter die Kartoffeln rühren. Mit Salz und Muskatnuss würzen.

Die Auberginenfächer auf vorgewärmten Tellern anrichten und mit der Sauce nappieren.
Das Püree dazugeben und eventuell mit frisch gehacktem Koriander garnieren.

Tipp: Sollten Sie keinen Dampfgarer besitzen, können Sie die Wirsingsäckchen auch ohne Klarsichtfolie in kleine Suppentassen setzen und mit etwas Gemüsebrühe untergießen. Backen Sie die Säckchen dann ca. 30 Minuten im Ofen bei 180°C.

Wirsing-Tofu-Säckchen in Kokos-Safran-Sauce

Für die Wirsing–Tofu–Säckchen
8 große Wirsingbätter
250 g geräucherter Tofu
200 g Butternusskürbis
60 g Schalotten
1 EL Semmelbrösel
1 EL gehackte Petersilie
1 EL geröstete Sonnenblumenkerne
1 EL helle Sojasauce
abgeriebene Schale einer Zitrone
2 EL vegane Butter
½ TL fein geriebener Ingwer
Salz und Pfeffer aus der Mühle
1 Prise Muskatnuss

Für die Sauce
200 ml Gemüsebrühe
100 ml Kokosmilch
1 kleine Schalotte
1 EL Rapsöl
½ EL helles, glattes Weizenmehl
2 g Safranfäden
Salz
Cayennepfeffer
1 Spritzer Zitronensaft

Chilifäden zum Garnieren

Zubereitungszeit: 40 min

Zubereitung der Wirsing-Tofu-Säckchen

Wirsingblätter in reichlich leicht gesalzenem Wasser blanchieren und in kaltem Wasser abschrecken. Den Strunk aus den Blättern schneiden. Kürbis sehr fein würfeln. Schalotten schälen und fein würfeln. Vegane Butter in einer Pfanne schmelzen lassen. Kürbis, Schalotten und Ingwer darin anbraten und mit Salz und Pfeffer würzen. Tofu mit einer Gabel in einer Schüssel fein zerteilen. Kürbis und Schalotten, Sonnenblumenkerne, Petersilie und Semmelbrösel unterrühren. Mit Sojasauce, Zitronenschale, Salz und einer Prise Muskatnuss würzen. Die Masse am besten mit den Händen kräftig durchkneten.

Suppentassen mit Frischhaltefolie auslegen. Dann die Wirsingblätter hineinlegen, sodass die Blätter etwas über den Rand stehen. Die Füllung in die Tassen hineingeben und die Wirsingblätter über die Füllung schlagen. Mithilfe der Frischhaltefolie Säckchen formen und diese gut verschließen. Die Päckchen auf ein gefettetes Lochblech setzen und im Dampfgarer bei 100 °C ca. 15 Minuten garen.

Zubereitung der Sauce

Schalotte schälen und fein hacken. Öl in einer Pfanne erhitzen. Schalotten darin anschwitzen. Mit Mehl stauben und dann mit Gemüsebrühe und Kokosmilch auffüllen. Safran dazugeben und die Sauce ca. 10 Minuten auf kleiner Flamme köcheln lassen. Mit Salz, Cayennepfeffer und Zitronensaft abschmecken. Sollte die Sauce zu stark eindicken, mit etwas Gemüsebrühe verdünnen.

Zum Anrichten die Sauce auf den Tellern verteilen. Die Wirsingsäckchen aus den Formen stürzen und die Frischhaltefolie vorsichtig entfernen. Die Wirsingsäckchen in der Mitte der Teller anrichten und mit Chilifäden garnieren.

Dessert

Gebackene Feigen
im Filoteig

4 Feigen
4 Blätter Yufkateig
40 g gehackte Haselnüsse
40 g gehackte Walnüsse
10 g gehackte Pistazien
10 g Rosinen
150 g brauner Zucker
1 EL vegane Butter
½ TL Vanillepulver
4 EL Wasser
16 silberne Zuckerperlen
zum Garnieren

Zubereitungszeit: 25 min

Yufkateig der Länge nach in feine Streifen schneiden. Feigen am oberen Ende kreuzweise bis zur Hälfte einschneiden. Zucker mit dem Wasser in einem Topf aufkochen. Nüsse in den Topf geben und karamellisieren lassen. Die Masse sollte schön eindicken, aber nicht zu dick werden. Rosinen, Vanillepulver und vegane Butter unterheben. Yufkateigstreifen so in die vier Dariolformen legen, dass der Rand der Formen ausgefüllt ist, aber in der Mitte noch genügend Platz für die Feige bleibt. Feigen in die Formen legen und mit den Nüssen befüllen. Im vorgeheizten Ofen bei 220 °C ca. 15 Minuten backen. Feigen aus dem Ofen nehmen und mit Zuckerperlen garnieren.

Wussten Sie schon …
Strudelteig, den Klassiker der österreichischen Küche, kennt jeder. Diesen hauchdünn gezogenen Teig gibt es aber auch in Griechenland. Dort heißt er Filoteig.

In der Türkei ist dieser Teig unter dem Namen Yufkateig bekannt. Die Teigblätter erhalten Sie in jedem gut sortierten Supermarkt oder im türkischen Lebensmittelhandel.

Birnenkompott
mit Sternanis und Kardamom

500 g kleine Birnen
60 g gelber Zucker
250 ml Wasser
2 EL Zitronensaft
2 Sternanise
2 Zimtstangen
3 grüne Kardamomkapseln
3 Gewürznelken

Zubereitungszeit: 30 min

Birnen schälen und halbieren. Zucker in einen Topf geben und leicht karamellisieren lassen. Mit Wasser ablöschen und alles aufkochen. Gewürze und Zitronensaft dazugeben und ca. 5 Minuten auf kleiner Flamme köcheln lassen. Dann die Birnen hinzugeben und weitere 10 Minuten köcheln lassen.
Anschließend vom Herd nehmen und 12 Stunden ziehen lassen.

Warum findet sich etwas so Einfaches wie ein Birnenkompott in einem Kochbuch? Haben Sie schon einmal ein Kompott selbst gemacht? Oder greifen Sie lieber zur Dose? Die Zubereitung dieses Kompotts ist einfach und macht Spaß, und Sie können es mit vielen Obstsorten variieren. Ein Kompott kann allein serviert werden oder auch sehr viele Nachspeisen begleiten.

Apfel-Kokos-Auflauf

5 Äpfel
160 g zimmerwarme vegane Butter
160 g brauner Zucker
200 g helles, glattes Weizenmehl
50 g Kokosflocken
30 g geriebene Haselnüsse
3 EL Sojamehl
2 TL Vanillezucker
1 Prise Salz
Schale einer Zitrone

4 EL brauner Zucker
zum Bestreuen
2 EL flüssige vegane Butter
für die Form

Zubereitungszeit: 40 min

Vegane Butter mit einem Handrührgerät schaumig rühren. Zucker dazugeben und gut vermischen. Sojamehl mit 8 EL Wasser glatt rühren. Vegane Butter mit Mehl, Kokosflocken, Vanillezucker, Zitronenschale, Salz und der Sojamehl-Wasser-Mischung mit den Händen zu einem glatten Teig verarbeiten. Haselnüsse rasch unter den Teig kneten.

Eine Auflaufform mit veganer Butter ausstreichen und mit Mehl stauben. Den Teig in die Auflaufform füllen und mithilfe einer Teigkarte glatt streichen. Kerngehäuse der Äpfel entfernen, Äpfel halbieren und in ca. 5 mm dicke Spalten schneiden. Die Spalten auf dem Teig verteilen. Die Äpfel dann mit dem braunen Zucker bestreuen und den Auflauf im vorgeheizten Ofen bei 180 °C 35–40 Minuten backen.

Cupcakes
mit Kakaofrosting

Für die Cupcakes

280 g helles, glattes Weizenmehl
250 g brauner Zucker
120 ml Rapsöl
250 ml kohlensäurehaltiges
Mineralwasser
80 g Kakaopulver
2 TL Apfelessig
1½ TL Weinsteinbackpulver
½ TL Vanillepulver
½ TL Salz

Für das Kakaofrosting

300 g zimmerwarme vegane Butter
500 g Puderzucker
3 EL Kakaopulver
3 EL kochendes Wasser
4 EL Schokoladensauce

Zubereitungszeit: 45 min

Ein Rezept für die Schokoladensauce finden Sie auf S. 231.

Zubereitung der Cupcakes

Mehl, brauner Zucker, Kakao, Back- und Vanillepulver sowie Salz in einer Schüssel vermischen. In einer
zweiten Schüssel Rapsöl, Mineralwasser und Apfelessig
mischen. Die Flüssigkeit unter das Mehl geben und
alles zu einem glatten Teig verrühren. Ein Muffinblech
mit Backpapier oder Muffinförmchen auslegen. Den
Teig auf alle 12 Formen verteilen und im vorgeheizten
Ofen bei 180 °C 20 – 25 Minuten backen. Danach die
Cupcakes aus dem Ofen nehmen und erkalten lassen.

Zubereitung des Kakaofrostings

Vegane Butter mit einem Handrührgerät schaumig
rühren. Kakaopulver mit dem kochenden Wasser glatt
rühren. Puderzucker, Kakaomasse und Schokoladensauce unter die geschlagene, vegane Butter rühren.

Das Kakaofrosting in einen Spritzbeutel füllen und
auf die Cupcakes verteilen.

Mit Schokoladensauce verzieren.

Tipp: Servieren Sie dazu Apfelkompott. Germknödel schmecken auch hervorragend mit Vanillesauce.

Wenn Sie einen Dampfgarer haben, legen Sie die Knödel auf den leicht eingeölten Locheinsatz. Garen Sie die Knödel ca. 30 Minuten im Dampf.

Germknödel

Für den Hefeteig
250 g helles, glattes Weizenmehl
140 ml Sojadrink
50 g vegane Butter
15 g Puderzucker
15 g Hefe
1 Prise Salz
1 Prise Kurkuma

Für die Füllung
140 g Pflaumenmus

Zum Bestreuen
100 g Puderzucker
100 g geriebener Mohn
200 g vegane Butter

Zubereitungszeit: 110 min

Vegane Butter in einem Topf schmelzen lassen und vom Herd nehmen. Sojadrink und Puderzucker dazugeben. Hefe einbröckeln und darin auflösen. Sojadrink-Hefe-Mischung mit Salz, Kurkuma und Mehl in der Küchenmaschine zu einem glatten Teig verarbeiten. Den Teig auf einer bemehlten Arbeitsfläche zu einer glatten Kugel formen und in einer Schüssel zugedeckt ca. 40 Minuten gehen lassen. Das Volumen des Teigs sollte sich dabei verdoppeln.

Dann den Teig aus der Schüssel heben, durchkneten und weitere 5 Minuten ruhen lassen. Danach ca. 5 mm dick ausrollen und in ca. 6 x 6 cm große Quadrate schneiden. Auf die Mitte der Quadrate je 1 Esslöffel Pflaumenmus geben. Die Ränder der Quadrate mit etwas Wasser einstreichen und übereinander legen. Teiglinge zu Knödeln formen und auf der Arbeitsfläche zugedeckt ca. 30 Minuten gehen lassen.

Zum Garen einen sehr großen Topf verwenden. Leicht gesalzenes Wasser aufkochen und die Knödel darin einmal aufkochen. Die Knödel sollten im Wasser schwimmen können. Dann die Hitze reduzieren und die Knödel im geschlossenen Topf ca. 15 Minuten ziehen lassen. Nach der Hälfte der Garzeit die Knödel wenden. Nach dem Garen die Knödel aus dem Wasser heben und mit einem Holzspieß zwei bis drei Mal einstechen.

Die vegane Butter in einem Topf schmelzen lassen. Puderzucker und Mohn mischen. Die Germknödel mit der veganen Butter beträufeln und bestreut mit der Mohn-Zucker-Mischung servieren.

Halbgefrorener Joghurt
mit Blaubeeren im Schokospitz

Für das Halbgefrorene
250 ml Sojajoghurt
150 ml Sojasahne
zum Aufschlagen
250 g Blaubeeren
4 EL Agavendicksaft
1 TL Zitronensaft

Für den Schokospitz
200 g dunkle Kuvertüre
4 Din-A4-Blätter (Druckerpapier)

Für die Garnitur
2 EL geschlagene Sojasahne
2 EL Fruchtsauce
Minzeblättchen

Zubereitungszeit: 35 min

Zubereitung des Schokospitz
Aus dem Papier Tüten formen. Diese so zurechtschneiden, dass sie gerade abschließen. Mit Klebestreifen fixieren. Kuvertüre fein hacken und über Wasserdampf schmelzen lassen. Schokolade in die Papiertüten gießen. Die Tüten auf den Kopf gestellt halten, damit die überschüssige Schokolade wieder herausläuft. Eine ca. 1 mm dicke Schicht Schokolade bleibt am Papier haften. Die Tüten in Gläser stellen und im Kühlschrank erkalten lassen.

Zubereitung des Halbgefrorenen
Blaubeeren vorsichtig waschen. Joghurt mit Blaubeeren, Agavendicksaft und Zitronensaft mischen und mit einem Stabmixer fein pürieren. Sojasahne aufschlagen und unter die Joghurtmasse heben. Joghurtmasse in die Schokoladentüten füllen und die Tüten ca. 2 Stunden in den Gefrierschrank stellen. Danach mithilfe eines scharfen kleinen Messers die Schokospitzen aus dem Papier wickeln.

Das Halbgefrorene mit etwas Fruchtsauce, aufgeschlagener Sojasahne und Minzeblättchen garnieren.

Das Eis eignet sich hervorragend zum Variieren, z. B. mit Feigen oder Datteln. Schneiden Sie einfach ca. 200 g Früchte klein, und kochen Sie sie mit.

Kokos-Limetten-Eis
mit Ananas-Topping

Für das Eis
500 ml Kokosmilch
1½ TL Pfeilwurzelstärke
140 g Zucker
1 TL geriebener Ingwer
Saft von 2 Limetten
Schale einer Limette
½ TL Vanillepulver

Für das Ananas-Topping
200 g Ananas
100 g Gelierzucker 2:1
1 EL Zitronensaft
1 Prise Zimt

Zubereitungszeit: 50 min

Zubereitung der Eiscreme
Von der Kokosmilch 4–5 EL abnehmen, mit Pfeilwurzelstärke anrühren und zur Seite stellen. Restliche Kokosmilch mit Zucker aufkochen und ca. 5 Minuten leicht köcheln lassen. Ingwer, Limettensaft und -schale sowie Vanillepulver dazugeben. Die Kokosmilch mit der Pfeilwurzelstärke noch einmal durchrühren und in die kochende Kokosmilch einrühren. Alles ca. 5 Minuten köcheln lassen. Die Masse abkühlen lassen und anschließend 30–35 Minuten in die Eismaschine geben. Kleine Espressotassen von innen mit Backpapierstreifen so auskleiden, dass das Papier ca. 2 cm über den Tassenrand ragt. Die angefrorene Eismasse in die Tassen füllen und im Gefrierschrank mindestens 3 Stunden gefrieren lassen.

Zubereitung des Toppings
Ananas in kleine Würfel schneiden, mit Gelierzucker, Zitronensaft und Zimt in einem Topf mischen und ca. 30 Minuten ziehen lassen. Anschließend die Ananas-Zucker-Mischung auf dem Herd aufkochen und den Schaum mehrmals abschöpfen.
Das Ananas-Topping 4–5 Minuten köcheln lassen, mit einem Stabmixer nicht zu fein pürieren und anschließend erkalten lassen.

Das Kokos-Limetten-Eis aus dem Gefrierschrank nehmen. Das Backpapier am Tassenrand mit einem scharfen Messer entfernen und das Eis mit einem Löffel Ananas-Topping garnieren. Eventuell mit einem Blatt Minze oder gehackten Pistazien dekorieren.

Ich bin kein großer Freund von
Süßigkeiten, aber diese Kekse
sind meist schon eine Stunde
nach dem Backen aufgegessen.

Haselnuss-Cookies

180 g vegane Butter
180 g brauner Zucker
3 EL Sojamehl
2 TL Vanillezucker
180 g helles, glattes Weizenmehl
1 Prise Salz
Schale einer Zitrone
150 g Schokotropfen oder
Schokoladenraspel
100 g gehackte Haselnüsse

Zubereitungszeit: 25 min

Haselnüsse ohne Zugabe von Fett in einer Pfanne trocken rösten und dann abkühlen lassen. Vegane Butter mit einem Handrührgerät schaumig rühren. Zucker dazugeben und gut vermischen. Sojamehl mit 8 EL Wasser glatt rühren. Mehl, Vanillezucker, Zitronenschale, Salz, Sojamehl-Wasser-Mischung und vegane Butter mit den Händen zu einem glatten Teig verarbeiten. Schokotropfen und Haselnüsse rasch unter den Teig kneten. Aus dem Teig auf einem mit Backpapier belegten Blech mithilfe von 2 Teelöffeln Cookie-Häufchen formen. Die Cookies im vorgeheizten Ofen bei 180 °C ca. 10 Minuten backen. Die Teighäufchen laufen beim Backen von selbst auseinander. Sie können sie aber auch etwas flachdrücken und so in die gewünschte Form bringen.

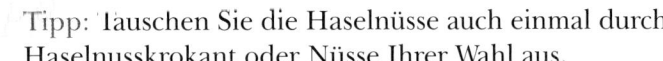

Tipp: Tauschen Sie die Haselnüsse auch einmal durch Haselnusskrokant oder Nüsse Ihrer Wahl aus.

Griechischer Zitronenkuchen

Für den Teig
500 g helles, glattes Weizenmehl
2 TL Weinsteinbackpulver
½ TL Salz
120 ml Olivenöl
170 g Ahornsirup
170 g Mineralwasser
mit viel Kohlensäure
3 EL Zitronensaft
2 EL Zitronenschale
3 EL Zucker zum Bestreuen

Für die Zitronenglasur
120 g Puderzucker
3–4 EL Zitronensaft

Außerdem
150 g Marmelade aus
roten Johannisbeeren
2 Zitronen
200 g brauner Zucker
100 ml Wasser

Zubereitungszeit: 50 min

Mehl mit Backpulver, Salz und Zitronenschale in einer Schüssel vermischen. Olivenöl, Ahornsirup, Zitronensaft und Mineralwasser in einem Messbecher gut miteinander verrühren. Mit einem Schneebesen die Flüssigkeit in das Mehl einarbeiten. Ein Blech mit Backpapier belegen und die Masse darauf verstreichen. Im vorgeheizten Ofen bei 170 °C ca. 30 Minuten backen. Mit einem Holzspieß kontrollieren, ob der Teig durchgebacken ist.

Während der Teig ausbäckt, Puderzucker in eine Schüssel sieben und mit Zitronensaft verrühren. Die Glasur sollte flüssig sein, eventuell etwas mehr Zitronensaft verwenden. Die Zitronen in ca. 3 mm dicke Scheiben schneiden. Zucker mit Wasser aufkochen und die Zitronenscheiben darin ca. 3 Minuten köcheln lassen. Aus dem Zuckersirup heben und auf ein Backpapier legen.

Auf ein Geschirrtuch etwas Kristallzucker streuen und den Teig verkehrt herum auf das Geschirrtuch legen. Das Backpapier vorsichtig abziehen, den Teig halbieren und eine Hälfte mit Marmelade einstreichen. Die zweite Kuchenhälfte wieder auf den Boden legen. Den Zitronenkuchen mit der Glasur einstreichen und mit Zitronenscheiben belegen.

Diese schnell gemachte Creme-
schnitte mit frischen Erdbeeren
ist ideal für Gäste. Leichter
kann Backen nicht sein!

Erdbeercremeschnitte

300 g Blätterteig
400 ml Sojasahne
zum Aufschlagen
20 g Puderzucker
für die Sojasahne
300 g Erdbeeren für die Creme
100 g Erdbeeren für den Belag
1 TL Vanillezucker
½ TL Guarkernmehl

Puderzucker zum Bestreuen

Zubereitungszeit: 20 min

Blätterteig in 16 gleich große Rechtecke schneiden. Die Hälfte der Blätterteigstücke leicht mit Wasser bestreichen und die restlichen Blätterteigstücke darauflegen. Im vorgeheizten Ofen bei 180 °C 15–20 Minuten goldbraun backen. 300 g Erdbeeren mit Guarkernmehl mit einem Stabmixer fein pürieren. Sojasahne mit Puderzucker aufschlagen und den Vanillezucker sowie das Erdbeermark vorsichtig mit einem Schneebesen unterheben. Die Erdbeercreme auf den erkalteten Blätterteigböden verteilen. Die restlichen Erdbeeren in dünne Scheiben schneiden und schichtweise auf der Erdbeercreme anrichten. Einen zweiten Teigboden darauflegen. Pro Schnitte brauchen Sie also 2 Böden. Mit Puderzucker bestreut servieren.

Schupfnudeln eignen sich auch hervorragend als Beilage für Ragouts oder als Ergänzung zu Gemüsepfannen!

Maroni-Schupfnudeln

Für die Schupfnudeln
250 g mehlige Kartoffeln
120 g helles, glattes Weizenmehl
30 g Weizengrieß
20 g vegane Butter
1 EL Sojamehl
1 Prise Salz

Für die Maroni
100 g gegarte und geschälte Maroni
50 g gehackte Haselnüsse
20 g brauner Zucker
Schale einer Zitrone
1 TL Vanillepulver
4 EL vegane Butter

Puderzucker zum Bestreuen

Zubereitungszeit: 45 min

Kartoffeln mit der Schale in leicht gesalzenem Wasser weich kochen, abgießen und etwas ausdampfen lassen. Dann schälen und sehr fein passieren. Sojamehl mit 2 EL Wasser glatt rühren und mit Mehl, Weizengrieß, veganer Butter und Salz zu den Kartoffeln geben. Alles sehr rasch zu einem glatten Teig verarbeiten. Aus dem Teig auf einer bemehlten Arbeitsfläche eine dicke Rolle formen und kleine Stücke davon abschneiden. Die Teigstücke gut mit Mehl bestauben und in der Handfläche mit leichtem Druck durch Rollen zu Schupfnudeln formen. Schupfnudeln in einem Topf mit reichlich leicht gesalzenem Wasser ca. 4 Minuten kochen lassen. Dann mit einem Schaumlöffel vorsichtig aus dem Wasser heben und in kaltem Wasser abschrecken.

Maroni mit der Hand in kleine Stücke zerteilen. Vegane Butter in einer Pfanne schmelzen lassen. Schupfnudeln darin anbraten. Braunen Zucker, Maroni, Haselnüsse und Vanillepulver dazugeben und kurz mitrösten. Mit Zitronenschale bestreuen und noch einmal durchschwenken. Schupfnudeln auf Tellern anrichten und mit Puderzucker bestreuen.

Tipp: Je nach Konsistenz der Kartoffeln kann es sein, dass Sie etwas mehr Mehl benötigen. Den Kartoffelteig sollten Sie immer rasch verarbeiten, weil er durch zu langes Kneten zäh wird.

Hollermandl
mit Frischkäsenockerln

Für das Hollermandl
400 g Holunderbeeren
300 ml Apfelsaft
100 ml Wasser
120 g brauner Zucker
1 Zimtstange
4 Gewürznelken
2 EL Maisstärke
1 TL Zitronensaft

Für die Frischkäsenockerl
150 g Sojafrischkäse
60 g Sojajoghurt
4 EL Apfelsaft
3 g Agar-Agar
30 g Puderzucker
½ TL Zitronensaft
Samen von 3 grünen Kardamomkapseln, frisch gemahlen

Zubereitungszeit: 25 min

Zubereitung der Hollermandl

Holunderbeeren waschen. Zucker in einem Topf leicht karamellisieren lassen und mit Apfelsaft und Wasser ablöschen. Zimtstange und Gewürznelken dazugeben und ca. 5 Minuten auf kleiner Flamme köcheln lassen. Holunderbeeren dazugeben und weich kochen. Maisstärke mit 3–4 EL Wasser glatt rühren und das Hollermandl damit binden. Zitronensaft einrühren.

Zubereitung der Frischkäsenockerln

Frischkäse mit Sojajoghurt, Puderzucker, Zitronensaft und Kardamom in einer Schüssel verrühren. Apfelsaft mit Agar-Agar in einem kleinen Topf verrühren und einmal aufkochen. Dann etwas erkalten lassen und unter die Frischkäsemasse rühren. Die Masse im Kühlschrank mindestens 3 Stunden erkalten lassen.

Das Hollermandl in Schüsseln anrichten. Aus der Frischkäsemasse mit 2 in Wasser getauchten Esslöffeln Nockerln ausstechen und in das Hollermandl legen. Mit einer Zitronenscheibe und einem Zitronenthymian Blatt garnieren.

Wussten Sie schon …
Das Hollermandl ist ein traditionelles Gericht aus meiner Heimat. Kennengelernt hab ich es schon als kleiner Junge bei meiner Oma. Hollermandl ist eigentlich ein Kompott aus gekochten Holunderbeeren, aber in vielen Rezepten findet man auch Apfel- oder Birnenstücke.

Ich liebe diese Kombination aus Zwetschgen und Mohn, besonders mit den ersten reifen Zwetschgen im Herbst.

Sollte Ihnen das Herstellen des Mürbeteigs zu mühsam sein, verwenden Sie fertigen süßen Mürbeteig aus dem Kühlregal oder einfach Blätterteig.

Zwetschgenstrudel mit Mohnfüllung

Für den Mürbeteig
300 g helles, glattes Weizenmehl
200 g vegane Butter
100 g Puderzucker
1 EL Sojamehl

Für die Füllungen
400 g Zwetschgen
60 g brauner Zucker
½ TL Zimt
250 g Mohn
50 g brauner Zucker
125 ml Haferdrink
1 TL Vanillepulver
2 EL Ahornsirup
Schale einer Zitrone
1 Prise Salz
½ TL Zimt

80 g flüssige vegane Butter
zum Bestreichen
Puderzucker zum Bestreuen

Zubereitungszeit: 80 min

Zubereitung des Mürbeteigs

Vegane Butter in kleine Stücke schneiden. Sojamehl mit 2 EL Wasser glatt rühren. Mehl und Puderzucker in eine Schüssel oder auf eine bemehlte Arbeitsfläche sieben und mit veganer Butter und der Sojamehlmischung rasch zu einem glatten Teig verarbeiten. Den Mürbeteig nicht zu lange kneten, weil er sonst zu warm und somit brandig wird, d.h. seine Bindung verliert. Den Teig in Klarsichtfolie einschlagen und im Kühlschrank ca. 30 Minuten ruhen lassen.

Zubereitung der Mohnfüllung

Für die Mohnfüllung Haferdrink, Vanillepulver, Ahornsirup, Zucker, Zitronenschale, Zimt und Salz aufkochen. Mohn mit einem Schneebesen unter Rühren in den kochenden Haferdrink einrühren und quellen lassen.

Zwetschgen entkernen, halbieren und mit Zucker und Zimt mischen. Den Mürbeteig auf einer bemehlten Arbeitsplatte ca. 4 mm dick zu einem Rechteck ausrollen. Die Mohnmasse in die Mitte des Teigs auftragen. Die Zwetschgen auf der Mohnfüllung verteilen und den Mürbeteig darüberschlagen. Alles mit zerlassener veganer Butter bestreichen und im vorgeheizten Ofen bei 180 °C ca. 35 Minuten goldbraun backen. Nach dem Backen mit Puderzucker bestreuen.

Grießpudding
mit marinierten Erdbeeren

Für den Grießpudding
600 ml Sojadrink
80 g Grieß
20 g Zucker
1 EL Vanillepuddingpulver
4 Limettenscheiben

Für die marinierten Erdbeeren
300 g Erdbeeren
2 cl Ingwersirup

Zubereitungszeit: 20 min

Vom Sojadrink 4 EL abnehmen und mit dem Puddingpulver glatt rühren. Restlichen Sojadrink mit Zucker aufkochen und den Grieß einlaufen lassen. Puddingpulver dazugeben und die Grießmasse auf kleiner Flamme und unter ständigem Rühren einmal aufkochen lassen. Dann vom Herd nehmen.

4 Dariolformen mit kaltem Wasser ausspülen und je 1 Limettenscheibe hineinlegen. Den Grießpudding auf die Formen verteilen, zudecken und im Kühlschrank erkalten lassen.

Erdbeeren waschen, Stielansätze entfernen und Erdbeeren vierteln. Dann mit Ingwersirup marinieren.

Den Grießpudding aus den Dariolformen stürzen und mit den marinierten Erdbeeren garnieren.

Pflaumen-Kirsch-Tarte

Für den Mürbeteig
500 g helles, glattes Weizenmehl
250 g vegane Butter
2 EL Sojamehl
4 EL Wasser
1 Prise Salz

Für die Füllung
400 g entkernte Pflaumen
200 g Kirschmarmelade
100 g Puderzucker

4 EL geschmolzene vegane Butter
zum Bestreichen

Zubereitungszeit: 70 min

Mehl mit Salz auf eine Arbeitsfläche oder in eine Schüssel sieben. Kalte vegane Butter in kleine Stücke schneiden und auf dem Mehl verteilen. Sojamehl mit 4 EL Wasser glatt rühren und über das Mehl geben. Alles rasch mit den Händen zu einem glatten Teig kneten. Den Teig in Frischhaltefolie einschlagen und im Kühlschrank ca. 1 Stunde ruhen lassen. Den Mürbeteig aus dem Kühlschrank nehmen und halbieren. Eine Hälfte ausrollen, 1 Tarteform auf den Teig legen und den Teig um die Form herum ausschneiden. Die Höhe des Randes einkalkulieren. Die Tarteform mit etwas zerlassener veganer Butter ausstreichen, leicht mit Mehl stauben, den Teig hineinlegen und vorsichtig in die Form drücken. Die Kirschmarmelade auf dem Boden verstreichen. Dann die Pflaumen auf die Kirschmarmelade legen. Die Tarteform sollte gut gefüllt sein. Mit Puderzucker bestreuen.

Die zweite Teighälfte ausrollen und wieder mithilfe einer Tarteform ausschneiden. Den Teigkreis auf die Pflaumen legen und mit geschmolzener veganer Butter bestreichen. Aus dem restlichen Teig einige Streifen ausschneiden und auf die Tarte legen. Noch einmal mit zerlassener veganer Butter bestreichen und im vorgeheizten Ofen bei 180 °C ca. 40 Minuten backen.

Vanille-Donuts mit Kirschsauce

Für die Donuts
380 g helles, glattes Weizenmehl
150 ml Vanillesojadrink
60 g Zucker
1 EL Apfelmus
20 g Hefe
½ TL Salz
1 TL Vanillezucker
30 g vegane Butter
Pflanzenfett zum Ausbacken

Für die Vanillecreme
350 ml Sojadrink
1 Päckchen Vanillepuddingpulver
40 g Puderzucker
200 ml Sojasahne
zum Aufschlagen
½ TL Guarkernmehl

Für die Kirschsauce
200 g Sauerkirschen aus dem Glas
30 g Zucker
70 ml Kirschsaft
1 EL Maisstärke

Zubereitungszeit: 120 min

Für die Donuts vegane Butter in einem Topf schmelzen lassen und vom Herd nehmen. Sojadrink dazugeben und den Zucker darin auflösen. Hefe hineinbröckeln und im Sojadrink auflösen. Mehl mit Vanillezucker, Salz, Apfelmus und der Hefemischung in der Küchenmaschine zu einem glatten Teig verarbeiten. Den Teig zudecken und mindestens 1 Stunde gehen lassen. Danach den Teig auf einer bemehlten Arbeitsfläche noch einmal kräftig durchkneten, ca. 10 Minuten ruhen lassen und anschließend ca. 1 cm dick ausrollen. Den Teig mit einem runden Ausstecher in der gewünschten Größe ausstechen. In der Mitte der Teiglinge ein kleines Loch ausstechen. Donuts auf einer bemehlten Arbeitsfläche zugedeckt weitere 30 Minuten ruhen lassen. Pflanzenfett in einem Topf erhitzen. Donuts darin schwimmend unter einmaligem Wenden goldbraun herausbacken. Dann herausheben und auf Küchenkrepp abtropfen lassen.

Für die Vanillecreme aus Puddingpulver, Puderzucker und Sojadrink einen Pudding herstellen und diesen erkalten lassen. Kalten Pudding und Guarkernmehl mit dem Stabmixer fein pürieren. Sojasahne aufschlagen und vorsichtig unter den Pudding heben. Die Creme ca. 30 Minuten kalt stellen.

Für die Kirschsauce 2 EL des Kirschsafts abnehmen und mit Maisstärke glatt rühren. Kirschen mit restlichem Kirschsaft und Zucker aufkochen. Dann die Maisstärke langsam unter die kochenden Kirschen geben. Die Kirschen sollten nicht zu sehr eindicken. Anschließend mit einem Stabmixer fein pürieren.

Die Donuts halbieren. Die Vanillecreme mithilfe eines Spritzbeutels auf die Donuts geben und etwas Kirschsauce darauf verteilen. Den Deckel auf die Füllung legen und mit Puderzucker bestreuen.

Diese Torte ist für Backanfänger ideal geeignet, denn sie weckt die Lust auf mehr Backerfolge.

Schokoladen-Kirsch-Torte

Für den Tortenboden
400 g helles, glattes Weizenmehl
60 g Maisstärke
50 g Kakaopulver
150 g Zucker
180 ml Sojadrink
180 ml kohlensäurehaltiges
Mineralwasser
1½ TL Weinsteinbackpulver
1 Prise Salz
150 ml Pflanzenöl

Für die Schokoladencreme
400 ml Sojasahne
zum Aufschlagen
400 g Blockschokolade

Für die Kirschfüllung
300 g Sauerkirschen
125 ml Kirschsaft
20 g Vanillepuddingpulver

Außerdem
80 g Kirschmarmelade
100 g Haselnusskrokant
ganze Haselnüsse zur Dekoration

Zubereitungszeit: 90 min

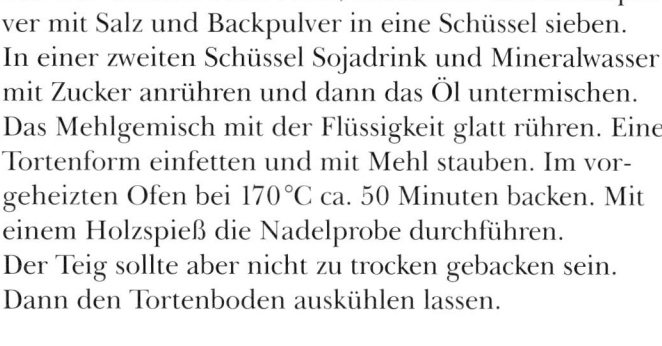

Für den Tortenboden Mehl, Maisstärke und Kakaopulver mit Salz und Backpulver in eine Schüssel sieben. In einer zweiten Schüssel Sojadrink und Mineralwasser mit Zucker anrühren und dann das Öl untermischen. Das Mehlgemisch mit der Flüssigkeit glatt rühren. Eine Tortenform einfetten und mit Mehl stauben. Im vorgeheizten Ofen bei 170 °C ca. 50 Minuten backen. Mit einem Holzspieß die Nadelprobe durchführen. Der Teig sollte aber nicht zu trocken gebacken sein. Dann den Tortenboden auskühlen lassen.

Für die Schokoladencreme Schokolade fein hacken. Sojasahne aufkochen und Schokolade darin unter Rühren schmelzen lassen. Die Mischung in eine Rührschüssel geben und im Kühlschrank erkalten lassen. Die Schokoladencreme nach dem Kühlen mit einem Handrührgerät aufschlagen.

Für die Füllung Puddingpulver mit einem Drittel des Kirschsafts verrühren. Restlichen Kirschsaft aufkochen. Puddingpulver einrühren und aufkochen lassen. Dann Sauerkirschen unterrühren und kalt stellen.

Tortenboden halbieren. Einen Spritzbeutel mit Lochtülle mit etwas Schokoladencreme befüllen. Auf dem Tortenboden vom Tortenrand ausgehend drei Kreise mit der Schokoladencreme ziehen. Die Kirschfüllung in den Kreisen verteilen. Den Deckel auf den Boden legen. Kirschmarmelade glatt rühren und die Torte damit dünn einstreichen. Von der restlichen Schokoladencreme etwas in einen Spritzbeutel mit einer Sterntülle füllen und diesen zur Seite legen. Mit der restlichen Schokoladencreme die Torte mithilfe einer Palette rundherum einstreichen. Auf die Tortenoberfläche am Rand entlang Rosetten spritzen und diese mit Haselnüssen garnieren. Den Tortenrand mit Haselnusskrokant bestreuen. Die Torte im Kühlschrank ca. 3 Stunden durchkühlen lassen und dann genießen.

Dieses Schaumrollenrezept ist sehr einfach – und so sollen Rezepte auch sein.

Dreierlei Schaumrollen

1 Packung Blätterteig
300 ml Sojasahne
zum Aufschlagen
50 g Puderzucker
2 Päckchen Sahnesteif
3 EL Erdbeersauce
3 EL Schokoladensauce
3 EL Karamellsauce

Zubereitungszeit: 25 min

Ein Rezept für die Schokoladen-
und Karamellsauce finden
Sie auf S. 230/231.

Den Blätterteig in ca. 3 cm breite Rechtecke schneiden
Die Länge der Rechtecke richtet sich nach der Größe
Ihrer Schaumrollenformen. Den Teig zart mit Wasser
bestreichen und auf die Schaumrollenformen wickeln.
Formen in ausreichend Abstand auf ein mit Backpapier
belegtes Blech legen. Schaumrollen im vorgeheizten
Ofen bei 180 °C 10–15 Minuten goldgelb backen. Noch
heiß von den Formen nehmen und abkühlen lassen.

Für die Füllungen Sojasahne mit einem Handrührgerät
aufschlagen. Sahnesteif und Puderzucker dazugeben
und ca. 1 Minute weiterschlagen. Masse dritteln.

Durch Verrühren mit den unterschiedlichen Saucen die
drei Füllungen herstellen. Diese in Spritzbeutel geben
und in die ausgekühlten Blätterteigrollen füllen.

Mit Puderzucker bestreuen und genießen.

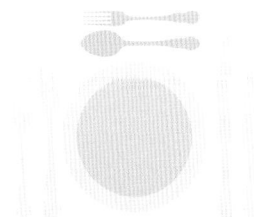

Schokoschnitte
mit Balsamico-Himbeeren

Für die Schokoschnitte
250 g helles, glattes Weizenmehl
125 g brauner Zucker
125 g weißer Zucker
90 g Kakaopulver
200 ml Rapsöl
1 EL Weinsteinbackpulver
1 EL Apfelmus
120 ml Sojadrink
120 ml kohlensäurehaltiges
Mineralwasser
½ TL Vanillepulver
1 Prise Salz
6 EL Schokoladensauce
zum Bestreichen

Für die Balsamico-Himbeeren
250 g Himbeeren
30 g brauner Zucker
100 ml Balsamicoessig
1 Msp. fein geriebener Ingwer

Zubereitungszeit: 50 min

Zubereitung der Schokoschnitte
Mehl mit beiden Zuckersorten, Backpulver, Vanillepulver, Salz und Kakaopulver in eine Schüssel sieben. Apfelmus, Mineralwasser, Sojadrink und Rapsöl mit einem Stabmixer kurz aufmixen. Die Flüssigkeit in der Küchen-maschine zügig in das Mehl einarbeiten. Eine Auflaufform mit Backpapier auslegen und die Masse einfüllen. Den Teig im vorgeheizten Ofen bei 180 °C 35 – 40 Minuten ausbacken. Dann aus dem Ofen nehmen und erkalten lassen.
Mit einem kleinem Messer den Rand der Auflaufform entlangfahren und die Schnitte aus der Auflaufform stürzen. Die Schokoschnitte in 3 cm breite und ca. 10 cm lange Streifen schneiden. Die Oberfläche der Streifen mit Schokoladensauce einpinseln.

Zubereitung der Balsamico-Himbeeren
Zucker in einem kleinen Topf mit 2 EL Wasser karamellisieren lassen. Balsamicoessig und Ingwer dazugeben. Die Flüssigkeit auf die Hälfte einreduzieren und anschließend erkalten lassen. Die Himbeeren mit der Balsamicoglace füllen und auf die Schnitten setzen.

Traubencremetörtchen

Für den Boden
180 g Zucker
190 g helles, glattes Weizenmehl
40 g gemahlene Haselnüsse
200 ml kohlensäurehaltiges
Mineralwasser
50 ml Sojadrink
60 ml flüssige vegane Butter
3 TL Weinsteinbackpulver
2 TL Vanillezucker
1 Prise Salz

Für die Traubencreme
150 ml weißer Traubensirup
250 ml Sojasahne
zum Aufschlagen
200 ml Sojajoghurt
5 g Agar-Agar
50 g Puderzucker
1 TL Zitronensaft

Außerdem:
6 Dessertringe mit einem
Durchmesser von 8 cm
6 Traubenhälften
6 Minzeblättchen
3 TL Traubenmarmelade
100 g Schokolade

Zubereitungszeit: 60 min

Zubereitung des Tortenbodens
Mehl, Zucker, Haselnüsse, Backpulver und Vanillezucker mit Salz in der Küchenmaschine gut durchmischen. Mineralwasser, Sojadrink und vegane Butter in einem Messbecher mithilfe eines Schneebesens verrühren. Mehl und Flüssigkeit in der Küchenmaschine zu einem glatten Teig verarbeiten. Ein Backblech oder eine Auflaufform mit Backpapier belegen und den Teig ca. 2 cm dick aufstreichen. Im vorgeheizten Ofen bei 180 °C ca. 30 Minuten backen. Anschließend erkalten lassen.

Zubereitung der Traubencreme
Vom Traubensirup 6 EL abnehmen und mit Agar-Agar glatt rühren. Dann in einem kleinen Topf ca. 2 Minuten leicht köcheln lassen und vom Herd nehmen. Sojasahne aufschlagen. Sojajoghurt mit dem restlichen Traubensaft, Puderzucker und Zitronensaft glatt rühren. Das etwas ausgekühlte Agar-Agar unter den Joghurt rühren und anschließend die geschlagene Sojasahne unter die Joghurtmasse heben.

Schokolade über dem Wasserbad schmelzen lassen und mithilfe eines Spritzbeutels auf ein Backpapier viele ca. 5 cm breite und 10 cm lange Gitter malen. Die Gitter erkalten lassen. Aus dem Tortenboden mithilfe der Dessertringe 6 Törtchen ausstechen. Die Dessertringe mit den ausgestochenen Tortenböden auf mit Backpapier belegte flache Teller stellen. Die Traubencreme gleichmäßig auf die Dessertringe verteilen und anschließend die Törtchen mindestens 3 Stunden in den Kühlschrank stellen. Törtchen aus der Form schneiden und mit Schokoladegittern dekorieren. Vor dem Servieren die Törtchen mit etwas Traubenmarmelade, einer halbierten Traube und einem Minzeblättchen garnieren.

Mandel-Schoko-Kuchen

400 g helles, glattes Weizenmehl
100 g geriebene Mandeln
60 g Maisstärke
160 g Zucker
3 TL Weinsteinbackpulver
2 TL Vanillezucker
abgeriebene Schale einer Zitrone
140 ml Rapsöl
360 ml kohlensäurehaltiges
Mineralwasser
4 EL Kakaopulver
4 EL kochendes Wasser

Zubereitungszeit: 55 min

Mehl, Maisstärke und Backpulver mit Zucker in eine Schüssel sieben. Vanillezucker, Zitronenschale und Mandeln dazugeben. Rapsöl und Mineralwasser in einer zweiten Schüssel mischen und mit dem Schneebesen klümpchenfrei unter die Mehlmischung rühren. Eine Kuchenform mit flüssiger veganer Butter auspinseln und mit Mehl stauben. Zwei Drittel des Teigs in die Kuchenform geben. Kakaopulver mit kochendem Wasser glatt rühren und unter den restlichen Teig rühren und ebenfalls in die Form geben. Alles mit einer Gabel zwei bis drei Mal umrühren. Den Teig im vorgeheizten Ofen bei 170 °C ca. 45 Minuten backen.

Orientalischer Milchreis
mit Datteln und Granatapfel

150 g Rundkornreis
200 ml Wasser
400 ml Hafer- oder Mandelmilch
80 g Zucker
40 g entsteinte und
gewürfelte Datteln
½ Packung Safranfäden
1 Prise Salz

1 Granatapfel
gehackte Pistazien zum Garnieren

Zubereitungszeit: 35 min

Hafer- oder Mandelmilch mit dem Wasser zum Kochen bringen. Zucker, Salz, Safran und Reis einrühren und auf kleiner Flamme unter ständigem Rühren quellen lassen. Je nach gewünschter Konsistenz des Milchreises noch etwas Sojadrink dazugeben. Datteln kurz in etwas kochendem Wasser vorgaren und unter den Reis mischen. Kerne aus dem Granatapfel herausholen.

Den Milchreis in Schalen anrichten. Mit den Granatapfelkernen garnieren und mit gehackten Pistazien bestreuen.

Basisrezepte

Gemüsebrühe | Sauce Hollandaise | Braune Grundsauce |
Gratiniersauce | Mayonnaise| Kräuterbutter | Tomatenketchup
Karamellsauce | Kokoscreme | Schokoladensauce

Gemüsebrühe

80 g Lauch
200 g Karotten
150 g Pastinaken
150 g Petersilienwurzel
150 g Sellerie
80 g Zwiebeln
3 Knoblauchzehen
2 Lorbeerblätter
8 Pfefferkörner
3 Wacholderbeeren
½ TL Kümmel
½ TL Fenchelsamen
etwas Petersilie, Liebstöckel

Gemüse waschen, schälen und in walnussgroße Stücke
schneiden. Zwiebeln mit der Schale waschen, halbieren
und ohne Zugabe von Fett in einer Pfanne stark bräu-
nen. In einem Topf 3 Liter Wasser zum Kochen bringen. Gemüse und Gewürze darin 30–40 Minuten auf
kleiner Flamme köcheln lassen. Danach abseihen.

Tipp: Dieses Rezept ergänze ich je nach Jahreszeit mit
Kohlrabi oder Blumenkohlblättern und Kürbisschalen.

Sauce Hollandaise

400 g Seidentofu
6 EL Rapsöl
½ TL Kurkuma
1 Spritzer Senf
Salz
Cayennepfeffer

Seidentofu erwärmen und in einen Mixbecher geben.
Gewürze dazugeben und mit einem Stabmixer fein pürieren. Rapsöl in einem dünnen Strahl dazugeben und
beim Weitermixen in den Seidentofu einarbeiten.

Tipp: Diese Grundsauce passt hervorragend zu Spargel
und lässt sich sehr leicht abwandeln.

Braune Grundsauce

120 g Karotten
120 g Sellerie
120 g Petersilienwurzeln
100 g Zwiebeln
80 g Lauch
50 g Tomatenmark
2 Lorbeerblätter
6 Pfefferkörner
2 Wacholderbeeren
2 Knoblauchzehen
3 l kalte Gemüsebrühe
3 EL helles, glattes Weizenmehl
5 EL Rapsöl
2 EL Sojasauce
Salz

Gemüse waschen, schälen und in walnussgroße Stücke schneiden. Öl in einem großen Topf erhitzen und Karotten, Sellerie sowie Petersilienwurzeln darin braun rösten. Zwiebeln und angedrückte Knoblauchzehen mit der Schale dazugeben und mitrösten. Tomatenmark dazugeben und mitrösten. Mit Mehl stauben und ordentlich durchrösten. Mit ca. ¼ l der Gemüsebrühe ablöschen und alles unter ständigem Rühren einreduzieren lassen. Den Vorgang ein zweites Mal wiederholen und anschließend die restliche Gemüsebrühe auffüllen. Gewürze dazugeben und den Fond ca. 40 Minuten auf kleiner Flamme köcheln lassen. Mit Salz und Sojasauce abschmecken. Durch ein Etamin oder sehr feines Sieb geben.

Tipp: Die Sauce kann natürlich beliebig mit Gewürzen und Gemüse erweitert werden. Schmecken Sie die Grundsauce jedoch nicht zu stark ab, weil sie in der Weiterverarbeitung noch einreduziert und gewürzt wird.

Gratiniersauce

300 ml Gemüsebrühe
50 g fein gewürfelte Zwiebeln
5 EL Hefeflocken
3 EL vegane Butter
3 EL helles, glattes Weizenmehl
1 TL Estragonsenf
½ TL Zitronensaft
½ TL Kurkuma
Salz und Pfeffer aus der Mühle

Vegane Butter in einem Topf schmelzen lassen und Zwiebeln darin anschwitzen. Mit Mehl stauben, kurz mitschwitzen und mit Gemüsebrühe ablöschen. Mit Salz, Pfeffer, Kurkuma und Senf würzen und unter ständigem Rühren stark einkochen lassen. Vom Herd nehmen und Zitronensaft sowie Hefeflocken einrühren.

Tipp: Die Gratiniersauce eignet sich als Käseersatz für Pizzen oder für Aufläufe. Ergänzen Sie sie einfach mit Paprikapulver, Knoblauch oder Kräutern.

Mayonnaise

60 g Sojadrink
90 g Rapsöl
2 g Senf
1 Spritzer Zitronensaft
Salz und weißer Pfeffer
aus der Mühle

Sojadrink mit Senf, Zitronensaft, Salz und Pfeffer würzen und mit einem Stabmixer vermischen. Dabei langsam Rapsöl in den Sojadrink einlaufen lassen.

Tipp: Über die Menge des Öls beeinflussen Sie die Festigkeit der Mayonnaise. Durch anderes Öl können Sie auch den Geschmack der Mayonnaise variieren.

Kräuterbutter

200 g vegane Butter
jeweils 1 TL gehackte Petersilie,
Basilikum, Estragon, Kerbel
und Thymian
1 fein gehackte Schalotte
½ fein gehackte Knoblauchzehe
Salz und weißer Pfeffer
aus der Mühle
¼ TL Estragonsenf
½ TL Zitronensaft

Butter schaumig rühren. Kräuter, Knoblauch und
Schalotte unterheben. Mit Senf, Zitronensaft, Salz und
Pfeffer abschmecken. Ein Stück Frischhaltefolie auf
der Arbeitsfläche auslegen und die Butter darauf zu
einer Rolle formen. Diese einwickeln und im Kühlschrank fest werden lassen. Vor dem Servieren aus dem
Kühlschrank nehmen und in ca. 1 cm dicke Scheiben
schneiden. Sie können die Butter auch mithilfe eines
Spritzbeutels zu Rosetten formen und kalt stellen.

Tipp: Nehmen Sie die Kräuterbutter rechtzeitig vor
dem Servieren aus dem Kühlschrank. Sie sollte nicht zu
kalt sein, weil sie sonst nicht ihren vollen Geschmack
entfalten kann. Kräuterbutter eignet sich auch hervorragend zum Schwenken von Gemüse.

Tomatenketchup

1 kg sehr reife fleischige Tomaten
200 g brauner Zucker
100 g fein gewürfelte Zwiebeln
80 ml Apfelessig
1 fein gehackte Knoblauchzehe
10 g Salz
½ TL gemahlener Piment
½ TL geriebener Ingwer
1 Prise Cayennepfeffer
1 Prise Muskatnuss

Strunk der Tomaten entfernen. Tomaten mit Zwiebeln
und Knoblauch sehr weich kochen. Danach so fein wie
möglich mit einem Stabmixer oder in der Küchenmaschine passieren. Zucker, Essig und Gewürze dazugeben
und kurz einkochen lassen. Die Tomatenmasse durch
ein feines Sieb streichen und noch heiß in Schraub-
gläser füllen. Diese auf einem feuchten Tuch mit dem
Deckel nach unten auskühlen lassen.

Tipp: Dieses Ketchup lässt sich sehr leicht variieren,
z. B. mit Curry, Kräutern, Zimt. Oder ersetzen Sie
einfach den Apfelessig durch einen sehr guten Balsamicoessig.

Karamellsauce

600 ml Haferdrink
400 ml Kokosmilch
400 g Zucker
1 Stange Bourbonvanille
1 Prise Salz
1 Msp. Natron

Zucker mit Hafer- und Kokosmilch, Vanilleschote, Salz
und Natron aufkochen und unter ständigem Rühren
auf kleiner Flamme ca. 1 Stunde einreduzieren lassen.

Kokoscreme

2 Dosen vollfette Kokosmilch
50 g Puderzucker (je nach Bedarf
etwas mehr oder weniger)

Kokosmilchdosen ca. 12 Stunden in den Kühlschrank legen. Die Dosen öffnen und das feste Kokosfett abnehmen. Das flüssige Kokoswasser auffangen und für andere Gerichte zur Seite stellen. Kokosfett mit Puderzucker mischen und mit einem Handrührgerät cremig aufschlagen.

Tipp: Sie werden diese einfache Schlagcreme lieben, die sich aufgeschlagen im Kühlschrank für einige Zeit hält.

Schokoladensauce

200 g geriebene Bitterschokolade
50 g Kakaopulver
30 g Rohrzucker
220 ml Wasser
1 TL Zimtpulver

Schokolade fein reiben oder hacken. Kakaopulver mit Zimt und Zucker im Wasser aufkochen. Geriebene Schokolade in die Kakaomasse geben und unter ständigem Rühren auflösen. Die Sauce durch ein Sieb streichen und in ein Glas mit Schraubverschluss füllen. Die Schokoladensauce ist im Kühlschrank mindestens 4 Wochen haltbar. Sollten Sie sie warm verwenden wollen, stellen Sie sie einfach in ein warmes Wasserbad.

Tipp: Schmecken Sie die Sauce auch einmal mit Chili, Ingwer oder Pfefferminze ab.

Abkürzungen und Herdeinstellungen

TL = Teelöffel
EL = Esslöffel
Msp. = Messerspitze

Elektroherd (Grad Celsius)	Umluftherd (Grad Celius)	Gasherd (Stufe)
120	110	¼
140	130	1
160	130	2
180	170	3
200	190	4
220	210	5
240	230	6
260	260	7
280	280	8

Der Koch

Roland Rauter ist gelernter Koch und seit Jahren Veganer aus Überzeugung. Nach der Kochlehre zog es ihn in seinen Wanderjahren durch Küchen im In- und Ausland, wobei er auch in der Spitzengastronomie gearbeitet hat. In den letzten zehn Jahren hat er als Bereichsleiter und Küchenchef Jugendliche mit Hörbehinderung und Sonderförderbedarf im Bereich Küche ausgebildet. Mit seinem ersten Buch möchte er nun zeigen, dass die vegane Ernährung eine genussvolle Alternative zum Verzehr von tierischen Produkten ist. Außerdem veröffentlicht Roland Rauter im »Engelmagazin« und in seinem Blog regelmäßig neue Rezepte.

Weitere Informationen zur Arbeit von Roland Rauter finden Sie unter: www.rolandrauter.at

Die Fotografin

Alexandra Schubert fotografiert und dekoriert mit viel Liebe bis ins kleinste Detail. Seit 2010 arbeitet die gelernte Werbefotografin auch im Bereich Foodfotografie und hat unter anderem für das »Engelmagazin« schon viele schmackhafte Gerichte in Szene gesetzt.

Weitere Informationen zur Arbeit von Alexandra Schubert finden Sie unter: www.myshoots.de

Fotografie Roland Rauter S. 8, S. 232:
Claudia Bachlechner / www.fotograefin.at